面白
語源雑学

さくさく覚える
英単語

清水建二
Shimizu Kenji

成美堂出版

はじめに

現代の日本語にはじつに多くのカタカナ語があります。近年、それらのカタカナ語の語源を通じて英単語の語彙を増やす「語源学習法」が注目されていますが、本書はカタカナ語の中でも、地名や人名などの固有名詞に着目してみました。ふだん何気なしに見聞きし、多くの人にとってなじみのある名前の語源を知ることで、「なるほど、そうだったのか！」と思えるような新たな発見をたくさんしながら、語彙力をどんどん伸ばしていこうというのがこの本のねらいです。

例として、トルコにある海峡「ボスポラス」を挙げてみます。トルコは日本と同様に地震国で、2023年2月にはトルコ南部のシリア国境付近でマグニチュード7.8の大地震が起きました。1999年にも、マグニチュード7.6のイズミール大地震が発生しています。

さて、その「ボスポラス（Bosphorus）」は、トルコ最大の都市イスタンブールを東西に隔て、黒海とマルマラ海を結ぶ海峡です。マルマラ海の先にはエーゲ海が広がっています。

現在、ボスポラス海峡には三つの橋が架けられていますが、このうち二つの建設に複数の日本企業が携わっており、さらに2011年にはトルコにとって長年の夢であった海底トンネルが大成建設により完成しました。

ボスポラス海峡の現在の水深は浅いところで36メートル、深いところだと124メートル。しかしかつては、ある動物が渡れるほどの浅瀬でした。

今から約2万年前の氷河期の頃、黒海は氷河から流れ出る水によってできた淡水湖。その黒海の水がマルマラ海を通じてエーゲ海に流れていましたが、当時のエーゲ海の海面は今よりも数百メートルも低かったことが近年の地質学の研究により明らかになっています。そして興味深いのは、「ボスポラス」という地名自体が、その事実を知る手がかりになっていることです。

「ボスポラス」にどんな意味が隠されているかについては本文をお読みいただければと思いますが、本書では地名や人名などの語源をたどりつつ、そこから派生した様々な英単語を芋づる式に学ぶことができます。単語同士の意外なつながりを見つけることもあるでしょう。また、本書で身につけた語源の知識は、今後の単語記憶にもきっと役立つはずです。ぜひ楽しみながら読んで、歴史にも、英語にも詳しくなってください。

清水建二

目　次

1

Theodore / Pandora

セオドア／パンドラ

問題

「セオドア」と「パンドラ」の語源的な共通点は次のどれでしょうか？

①幸運　②贈り物　③魅力　④愛情

米26代大統領

Theodore Roosevelt（セオドア・ルーズベルト）の**Theodore**の語源は「**theo(s)**（神）＋**dore**（贈り物）」で、「神の贈り物」という意味のギリシャ語に由来します。**Theodore**の愛称は**Ted**や**Teddy**で、熊のぬいぐるみの**Teddy Bear**は、同大統領にちなんで付けられた名称です。諸説ありますが、有名な説を一つ紹介します。

1902年の秋に大統領が熊狩りに出かけたときに、一頭もしとめることができなかった。このまま帰ったのでは大統領のメンツがつぶれると思った側近たちは、事前に捕まえておいた子熊を差し出し、「この熊を撃ってください」と言うが、大統領は「スポーツマンシップに反する」と言って原野に放してあげた。

この美談がマンガ入りで新聞の記事になったことで、ある玩具メーカーが自社の熊のぬいぐるみに**Teddy**と名付けて売り出したところ、大ヒットになったという話です。ちなみに、女性の名前の**Dorothy**（ドロシー）も「神の贈り物」が語源です。**Dorothy**の愛称の一つ**Dolly**から「人形」の**doll**が生まれました。

theologyは「神学、宗教学」、**theocracy**は「神権政治」、**monotheism**は「一神教」、**polytheism**は「多神教」、**atheism**は「無神論」です。

●パンドラの箱

ギリシャ神話の**Pandora**は全知全能の神・ゼウスが地上に送った最初の女性で、**Pandora's box**（パンドラの箱）は有名な話です。ゼウスがパンドラに、決して開けてはいけないと言って贈った箱ですが、パンドラは誘惑に負けて開けてしまった。そのため、中に詰まっていた悪や災いが地上に広まり、パンドラは急いで蓋をしたが希望だけが残ってしまったという話です。

ここから、「予期せぬ災いをもたらす」という意味で

open Pandora's box という表現が生まれました。**Pandora** はギリシャ語で「**pan**（すべての）＋**dora**（贈り物）」に由来します。

Theodore と **Pandora** に共通する **dore / dora** は、印欧祖語（インド・ヨーロッパ語族に属する諸言語の共通の祖先語）で「与える」という意味の **do** にさかのぼることができます。

donor（ドナー）は、臓器や血液などの「提供者」、**donation** は「提供、寄付」で、動詞形 **donate** は「提供する、寄付する」です。**dower** は「夫を亡くした妻に与えられる遺産」、**dowry** は「花嫁持参金」、**endow** は「寄贈する、与える」、**dose** は医者が患者に与える「１回分の服用量」です。

「資料、データ」の **data** は **datum** の複数形で、「与えられた事実」が語源。「日付」の **date** は、古代ローマ時代、相手に発送された日付と発信地を手紙の最初に書いたことに由来します。

antidote は「**anti**（＜毒＞に対して）与えられたもの」から「解毒剤」、**anecdote** は「**an**（ない）＋**ec**（外に）＋**dote**（与えられた）」で、「外に出さないもの」から「逸話、秘話」、**pardon** は「**par**（すっかり）与える」から、大目に見て「赦免する、容赦」、**condone** も同様に「**con**（すっかり）与える」から「大目に見る、許す」

です。

正解 ②贈り物

Check!

(　　)にあてはまる英語を入れてみましょう。

1. They (　　　)ed the money to the charity.
彼らはそのお金をチャリティーに寄付した。

2. She is (　　　)ed with good looks.
彼女は美貌に恵まれている。

3. Many political prisoners were (　　　)ed by the new president.
多くの政治犯が新大統領に恩赦された。

4. We must never (　　　) violence.
私たちは決して暴力を許してはいけない。

5. I was told to take one (　　　) three times a day.
1日に3回、薬を服用するように言われた。

6. There is no effective (　　　) for this poison.
この毒に効果的な解毒剤はない。

Answer 1. donat 2. endow 3. pardon 4. condone 5. dose 6. antidote

2

Champagne

シャンパーニュ

問題

フランスの「シャンパーニュ地方」の語源と関係がないものは次のどれでしょうか？

①キャンプ場　②キャンパス
③キャンバス　④シャンパン

●シャンパン

Champagneは、古代ローマ人が現在のフランス北東部に平原が広がる光景を見て、ラテン語で「野原・平原」を意味する**campania**（カンパニア）と名付けたことに由来する地名です。この地方特産の発泡性のワインは地名をとって、**champagne**（英語では「シャンペイン」と発音）と呼ばれています。**champignon**はフランス語では「キノコ」全般を表す語ですが、英語では食用のキノコに限定され、語源は「野原に生えるもの」です。

●キャンペーン

　champagneとよく似た語に**campaign**があります。**a campaign against smoking**（禁煙運動）や**an election campaign**（選挙運動）のように、社会・政治的な「運動」や、組織的な「活動」が主な意味です。アメリカ英語では**campaign**単独で「選挙運動」を表し、「遊説」の意味でも使われますが、本来は一連の戦略的な「軍事行動」を表す語でした。

　かつて、ローマの兵士たちは冬の間は兵舎や町に駐屯し、春になると野原や平地に出て軍事訓練をしたり、実際に戦争をしていました。**campaign**の語源は、軍事演習に適した「開かれた野原や平原」です。

●チャンピオン

　campも「開かれた空間や平地」や「広場」が語源で、本来は軍隊の「野営地」の意味でしたが、転じて旅行者や登山者の「キャンプ（する）」や「キャンプ場」の意味になりました。大学の「構内」を表す**campus**

も「広場」に由来しますが、もともとは「戦場」の意味で、戦場での勝者が**champion**です。**campus**が「(大学の) 構内」を表すようになったのは、1774年、現在のプリンストン大学の前身であるニュージャージー大学のナッソーホールに隣接する、広々とした野原を指す言葉として用いられたのが最初です。

decampは「**de** (離れて) ＋**camp** (野営地)」が語源で、「野営地から出る」から「キャンプをたたむ、すばやく立ち去る」の意味になります。「すばやく走る、跳ねまわる」の**scamper**の**s**は、**ex**と同じく「外へ」を表します。

●キャンバス

campusと発音が似た単語に**canvas**があります。カタカナ語では混同されがちですが、語源も意味も全く異なる単語です。油絵用の「画布」の**canvas**は、麻糸や綿糸などを平織りにした厚手の粗布のことで、トートバッグやテントなどを作るのに使われ、ラテン語で「麻で作られた」が語源です。

英語には15世紀中頃に入り、油絵に使われるようになったのは18世紀になってからのことです。16世紀には、キャンバス地でふるいにかけて「選別する」という意味の**canvass**という単語が生まれ、これが転じて、意見や情報を求めるために徹底的に「話し合う、聞き込みをする」という意味に、さらに、選挙の立候補者が街を遊説して支持を「求める」という意味になりました。

名詞では、「選挙運動、聞き込み」などの意味で使われます。**campus**の同系語の**campaign**に「選挙運動」や「遊説」の意味があることを考えれば、**campus**と**canvas**は語源が違っていても、意味的なつながりはあると言ってもいいかもしれません。

(正解) ③キャンパス

Check!

(　　)にあてはまる英語を入れてみましょう。

1. Let's go (　　　)ing in the woods.
森にキャンプに行こう。

2. The hikers (　　　)ed before it started to rain.
ハイカーたちは雨が降らないうちにキャンプをたたんだ。

3. There will be a presidential (　　　) this year.
今年、大統領選挙戦がある。

4. I'm going to live on (　　　).
大学内の寮に住むつもりです。

5. She beat the Olympic (　　　).
彼女はオリンピックの優勝者を破った。

6. Let's toast with some (　　　).
シャンパンで乾杯しよう。

Answer 1. camp　2. decamp　3. campaign　4. campus　5. champion　6. champagne

3

Viking

バイキング

問題

「バイキング」の語源と関係がないものは次のどれでしょうか？

①村（village）　②大邸宅（villa）

③悪人（villain）　④暴力（violence）

●バイキング

Vikingは8世紀から11世紀の間、現在のスカンジナビア半島やユトランド半島を本拠地として、英国やフランスなど西ヨーロッパ各地で、時に海賊活動を伴う交易を行っていた北方ゲルマン人の一種族に属するノルマン人（**Normans**）の自称です。

Vikingの語源については、有力な説が二つあります。一つ目はノルマン人の言葉で「**vik**（入り江、湾、フィヨルド）＋**ing**（一族）」で、スカンジナビア半島一帯に点在するフィヨルドを**vik**（ビーク）と呼んでいたために「ビークに住む人々」に由来するという説です。

●野営する人々

二つ目は、古英語で「村」や「野営」という意味の**wic**にさかのぼり、「野営する人々」に由来するという説です。バイキングが敵地を襲う際に、一時的にテントを張って野営する習慣があったというのが根拠になっています。文献的には前者に比べて後者のほうが300年ほど古いので後者の説に分があると思われます。

後者の説が正しいとすると、**wic**はラテン語で「村」や「居住地」を表す**vicus**につながり、さらに、インド・ヨーロッパ語族の仮説上の共通言語である印欧祖語で、家の集合体である「一族、家」を意味する**weik**にさかのぼることができます。

villaは富豪が保養地に所有する広い庭付きの「大邸宅」ですが、本来は「農家」や「田舎の家」のことで、**villa**の集合体が**village**（村）です。**vicinity**は、村に近いことから「近所」や「周辺」です。

villeは「町」の意味で、**Nashville**（ナッシュビル）や

Porterville（ポータービル）など、19世紀半ば以降、主に米国の都市名に接尾辞的に使われるようになります。11世紀後半から13世紀前半まで、ヨーロッパは大開墾時代と呼ばれますが、都市の周りには市壁が造られ、その内側に暮らす住人と外側の農民との間に格差が広がり、差別意識を生むことになります。こうした背景から、**villain**（悪役、悪人）、**villainous**（極悪の）、**villainy**（極悪、非道）などの否定的な語が生まれました。

●関連する英国の地名

ロンドン郊外の経度０度に位置し、世界の時刻の基準となっているグリニッジ天文台（**Greenwich Observatory**）。この**Greenwich**には、「緑の村」の意味があります。

ロンドンの国際空港は、**Heathrow Airport**（ヒースロー空港）以外に**Gatwick Airport**（ガトウィック空港）があります。**Gatwick**は「ヤギの酪農場」（**gat=goat**）が語源です。このように、地名の語尾に付く**wich**や**wick**には「村、町」や「酪農場」の意味があります。

また、印欧祖語の**weik**は**eco**に変化して、**economy**や**ecology**などの語を作り出しました。**economy**は「**eco**（家）＋**nomy**（管理）」から「経済、景気」、形容詞**economical**は「経済的な」、**economics**は「経済学」です。**ecology**は「**eco**（家）＋**logy**（学問）」から地球（＝家）に生息する生物を研究する「生態学」

です。ちなみに接尾辞的に使われる**-logy**は「学問」を表し、**biology**（生物学）、**geology**（地質学）、**zoology**（動物学）、**psychology**（心理学）などの語を作っています。ギリシャ哲学で「ロゴス（**logos**）」と言えば、言葉・論理・真理などを表す抽象概念で、**logic**（論理[学]）、**logical**（論理的な）の基になっています。

正解 ④暴力（violence）

Check!

(　　)にあてはまる英語を入れてみましょう。

1. The (　　　) will get better next year.
   来年、景気は良くなるだろう。

2. I majored in (　　　) at college.
   私は大学で経済学を専攻しました。

3. Air travel is more (　　　) than rail travel.
   鉄道の旅よりも空の旅のほうが経済的だ。

4. His dream is to retire to a (　　　) in Canada.
   彼の夢はカナダの大邸宅で隠居生活を送ることです。

5. There used to be a school in the (　　　).
   かつてこの付近に学校があった。

6. I'm going to study (　　　) at college.
   大学で生態学を勉強するつもりです。

Answer 1. economy　2. economics　3. economical　4. villa　5. vicinity　6. ecology

4

Gaia / George

ガイア／ジョージ

問題

人名の「ジョージ」の語源と関係のある職業は次のどれでしょうか？

①農夫　②芸術家　③聖職者　④アスリート

●カオス

ギリシャ神話は、巨大な口を開けた淵に秩序や形も存在しない宇宙の起源であるカオス（**Chaos**）から始まります。つまり、カオスは宇宙の生みの親ですが、現代英語の**chaos**（「ケイアス」と発音）は「無秩序」や「混沌」の意味で、形容詞形の**chaotic**は「無秩序な、混沌とした」です。

chaosは印欧祖語で、「大きく口を開ける」という意味の**ghieh**に由来します。**chasm**（亀裂）、**gap**（隙間、隔たり）、**gape**（［驚きやショックで口を開けて］あっけにとられて見る）、**gasp**（あえぐ、息をのむ）、**yawn**（あくびをする）なども同語源で、どれも口を大きく開けたイメージです。

gas（気体）も**chaos**に由来します。17世紀、ベルギーの化学者**J. B. von Helmont**（フォン・ヘルモント）は木炭を燃やしたときに出る気体の研究を行い、当時としては捕らえどころのない気体を「混沌」のカオス（**chaos**）から、**gas**と名づけました。「カオス（**chaos**）」はギリシャ語で**khaos**ですが、ギリシャ語の**kh**はドイツ語の**g**に相当します。**gasoline**（ガソリン）は「**gas**（ガス）＋**ol**（＝**oil**オイル、油）＋**ine**（化学物質）」が語源です。

●ガイア

カオスから生まれたものの一つが「大地」の女神「ガイア（**Gaia**）」です。1912年にドイツの気象学者アルフレート・ヴェーゲナーが大陸移動説を提唱し、大陸移動が起こる前の大陸は巨大な一つの塊であったとされました。この巨大大陸は「パンゲア（**Pangea**）」と呼ばれ、ギリシャ語の「**pan**（すべての）＋**gaia**（大地）」に由来します。ギリシャ語由来の接頭辞である**pan**は「すべての」を意味し、**Pan-American**は「全米の」、

Pan-Pacificは「汎太平洋の、環太平洋の」です。

「女神」の**Gaia**（ガイア）から生まれた単語には、**geo**で始まる**geothermal**（地熱の）、**geology**（地質学）、**geography**（地理学）、**geometry**（幾何学）などがあります。

●**ジョージ**

男性の名前「ジョージ（**George**）」は「**goe**（大地）＋**ergon**（働く）」が語源で、「畑を耕す人」や「農夫」に由来します。ギリシャ語の**ergon**（働く）は印欧祖語で「行う」という意味の**werg**から生まれた語です。「働く」や「仕事」が**work**ですが、働くときに必要な「エネルギー（**energy**）」も同語源で、形容詞形の**energetic**は「エネルギッシュな、精力的な」です。

物理学用語で「仕事量」の単位を「エルグ（**erg**）」と呼びます。**allergy**（アレルギー）は「別の（**al**）ほうに働いてしまう物質（**gen**）」に由来し、形容詞形**allergic**は「アレルギーのある」です。さらに、**surgery**は「手の（**surg**）仕事」から「外科、手術」、**surgeon**は「外科医」、**surgical**は「外科（手術）の」です。

正解　①農夫

Check!

(　　)にあてはまる英語を入れてみましょう。

1. My grandfather is still (　　　).
私の祖父はまだエネルギッシュです。

2. I'm (　　　) to pollen.
私は花粉症（花粉アレルギー）です。

3. I couldn't stop (　　　)ing.
あくびが止まらなかった。

4. She majored in (　　　) at college.
彼女は大学で地理学を専攻した。

5. I had (　　　) on my knee.
私は膝の手術を受けました。

6. Watch the (　　　).
ホームと電車の間の隙間にご注意ください。

Answer 1. energetic　2. allergic　3. yawn　4. geography
5. surgery　6. gap

5

Micronesia / Melanesia / Polynesia

ミクロネシア／メラネシア／ポリネシア

問題

「ポリネシアンダンス」の語源は次のどれでしょうか？

①南の島々のダンス　②南の村々のダンス
③多数の島々のダンス　④暑い島々のダンス

●ミクロネシア

　中部太平洋から南太平洋に広がる海域をオセアニア海洋部と呼び、「ミクロネシア（**Micronesia**）」「メラネシア（**Melanesia**）」「ポリネシア（**Polynesia**）」の三つに分類されます。語源はすべてギリシャ語で、それぞれ「小さい島々」「黒い島々」「多数の島々」に由来します。

micronは**micrometer**と同義の長さの単位で、100万分の1メートルを意味する「ミクロン」です。英語では「マイクロン」と読みますが、現代英語では、**micrometer**（マイクロメートル）と言うのが普通です。

microscopeは、小さいものを見る（**scope**）ことから「顕微鏡」となります。また、**microphone**は小さい音（**phone**）を大きくするから「マイク」、**microbe**は「小さな生き物（**be**）」から「微生物」、**microwave**は「小さな波」から波長が1メートル以下の「極超短波、マイクロ波」、**microwave oven**は「電子レンジ」です。単に**microwave**だけでも「電子レンジ」の意味があり、動詞で**Microwave it.**（それをレンジでチンして）という使い方もできます。また、**macrocosm**（大宇宙）に対して**microcosm**で「小宇宙」、**macroeconomics**（マクロ経済）に対して**microeconomics**で「ミクロ経済」です。

●メラネシア

メラネシア（**Melanesia**）の「メラ（**mela**）」の語源はギリシャ語の**melano**（黒い）です。**melanin**（メラニン）は「黒色素」、**melanoma**（メラノーマ）は「黒色腫」、**melancholy**（メランコリー）は「憂《ゆう》鬱《うつ》」です。

このうち、最後の**melancholy**は古代ギリシャの医学に関係する単語です。

古代ギリシャや中世ヨーロッパでは、人間の体は血液、粘液、黄胆汁、黒胆汁の四つの体液のバランスと風土との関係で、健康状態や気質が決定づけられると考えられていました。「ユーモア（**humor**）」という言葉はもともと、この４種類の「体液」の意味で使われていたもので、のちに「機嫌」や「ユーモア」の意味になりました。**humor**の形容詞形は**humorous**（ユーモアのある）です。

「メランコリー（**melancholy**）」は「**melan**（黒）＋**choly**（胆汁）」が語源で、黒胆汁が原因だと考えられていたことによります。ちなみに、法定伝染病の「コレラ（**cholera**）」はかつて、黄胆汁が原因で起こる下痢と考えられていました。

●ポリネシア

ポリネシア（**Polynesia**）の「ポリ（**poly**）」は、印欧祖語で「満たす」という意味の**pele**にさかのぼります。皮膚や粘膜の面から飛び出した球状の腫瘤を「ポリープ」と言いますが、これはギリシャ語の「多数の足（**polypos**）」に由来します。

また「ウソ発見器」の「ポリグラフ（**polygraph**）」は、脳波や脈拍、呼吸や発汗などたくさんの症状を記録（**graph**）する装置のことです。**poly**を接頭辞として使った単語に、**polyclinic**（総合診療所）、**polygamy**（一夫多妻制)、**polygon**（多角形）などがあります。

正解　③多数の島々のダンス

Check!

(　　)にあてはまる英語を入れてみましょう。

1. It can't be seen even with a (　　　).
   それは顕微鏡でも見ることができない。

2. I'll reheat this soup in the (　　　).
   このスープは電子レンジで温め直します。

3. He is in a bad (　　　) today.
   今日の彼は機嫌が悪い。

4. His comments are always (　　　).
   彼のコメントはいつもユーモアがある。

5. This (　　　) is broken.
   このマイクは壊れている。

6. (　　　) is legal in Algeria.
   アルジェリアでは一夫多妻は合法である。

Answer　1. microscope　2. microwave　3. humor　4. humorous　5. microphone　6. Polygamy

6

Atlantic / Pacific

アトランティック／パシフィック

問題

「太平洋（the Pacific Ocean）」の名付け親は誰でしょうか？

①コロンブス　②マルコ・ポーロ

③バスコ・ダ・ガマ　④マゼラン

●アトラス

ギリシャ神話で大地の女神「ガイア（**Gaia**）」から生まれた「ウラノス（**Uranus**）」は宇宙初の支配者となり、太陽系の第7惑星の「天王星」になります。ウラノスの孫にあたる「ゼウス（**Zeus**）」は巨人神族との戦いに勝利し、オリンポス12神の柱の頂点に立ち、主神になります。「巨人神族」は**Titan**（「タイタン」と発音）で、大西洋で氷山に衝突して沈没した「タイタニック号（**the Titanic**）」の語源になっています。

このティタノマキアと呼ばれる戦いで最後まで抵抗し続けた怪力の持ち主「アトラス（**Atlas**）」は、西の地の果てで、天と地が触れないように山の上で天空を支えるという苦しい罰を受けることになります。のちに、アトラスはゼウスの血を引く半神半人のペルセウスによって苦しみから解放されます。ペルセウスは、見るものすべてを石に変えてしまうという怪物メドゥーサを退治し、その首をアトラスに見せます。それを見たアトラスは石と化し、アフリカ北西部の「アトラス山脈（**the Atlas Mountains**）」になったとされます。

アトラス山脈に接する海が「大西洋（**the Atlantic Ocean**）」です。ヨーロッパ大陸とアフリカ大陸を隔てるジブラルタル海峡のすぐ外側の大西洋にあったとされる伝説上の「アトランティス島（**Atlantis**）」も、アトラスに由来します。

ちなみに米国南部ジョージア州の州都「アトランタ（**Atlanta**）」も同じ語源で、愛称は**Coca-Cola City**です。1886年に、アトランタに住む薬剤師ジョン・ペンバートン（**John Pemberton**）博士がコカインを含むコカの葉とコーラの実を原材料にして発明した飲料に由来します。1903年まで、コカ・コーラは原料にコカインを使用していました。

さて、昔の地図書には地球を背負ったアトラスの口絵を付けたことから、**atlas**は「地図帳」の意味で使われるようになりました。1枚1枚の地図は**map**ですが、それを1冊にしたものがアトラスです。**map**（地図）の語源は、ラテン語の**mappa mundi**（世界地図）の短縮形で、**mappa**は「ナプキン」や「布切れ」、**mundi**は**mudus**（世界）の所有格です。英語の**mundane**（「マンデイン」と発音）は「世界の」が原義で、「世俗的な、日常の」の意味で使われます。

●パシフィック

「太平洋」の**the Pacific Ocean**は「穏やかな海」という意味で、ここを航海したポルトガルの冒険家マゼランが大西洋に比べて穏やかであると感じたことに由来します。小文字の**pacific**は「平和な」で、**peace**（平和）と同じ語源です。**pacifist**は「平和主義者」、**pacifism**は「平和主義」、**pacify**は「なだめる、鎮圧する」です。また、**pay**は相手をなだめるように償うことから「支払う、給料」、**payment**は「支払い」、**payday**は「給料日」、**appease**は「**peace**のほうへ」から「なだめる、譲歩する」という意味です。

これらの単語は印欧祖語で「結ぶ、締める」という意味の**pag**にさかのぼります。**pact**は相手と結ぶ「約束、取り決め」、**compact**はしっかり結んだ状態から「小型の、こぢんまりと

した」、**impact**は中を（**im**）締めつけて与える「影響、衝撃」、**page**（ページ）はパピルスの葉をしっかり束ねて結んだものに由来します。

正解　④マゼラン

Check!

（　　）にあてはある英語を入れてみましょう。

1. Honesty sometimes doesn't (　　　).
   時に正直は割に合わない。

2. How much is the total (　　　)?
   支払いの合計はいくらですか。

3. When is your (　　　)?
   あなたの給料日はいつですか。

4. Her death had a great (　　　) on the nation.
   彼女の死は国民に大きな衝撃を与えた。

5. CD stands for (　　　) disk.
   CDはコンパクト・ディスクを表している。

6. The police tried to (　　　) the mob.
   警察は暴徒を鎮圧しようとした。

Answer　1. pay　2. payment　3. payday　4. impact　5. compact　6. pacify

7

Orient / Asia

オリエント／アジア

問題

「東洋」を意味する「オリエント」の語源は次のどれでしょうか？

①香辛料　②黄金　③日の出　④辺境

●オリエント

　フランスのパリとトルコのイスタンブールの間を走る国際列車「オリエント急行（**the Orient Express**）」の**Orient**は「東洋」の意味で、「東京ディズニーランド」「東京ディズニーシー」を運営し、千葉県浦安市に本社を置く株式会社「オリエンタルランド（**Oriental Land**）」

の**Oriental**はその形容詞形で「東洋（風）の」です。語源はラテン語の**orientem**で、「日が昇るところ」です。

西洋から見て日が昇る方角が東であることから生まれた語です。**orient**は動詞用法もあり、東のほうを向いて「自分の位置を知る」が原義で「～に方向を合わせる」などの意味を持ち、**The movie is oriented toward children.**（その映画は子ども向けです）のように使えます。「オリエンテーリング（**orienteering**）」は、地図と磁石を頼りに指定された地点を通り、短時間でゴールすることを競うスポーツのこと。また、「オリエンテーション（**orientation**）」は、新入社員や新入生のために行われる「事前指導」を指します。

「日が昇る」の連想から、物事の始まり、つまり「起源、由来」を表すのが**origin**、形容詞形の**original**は「始まりの」から「独創的な、原文」、**originality**は「独創性」、動詞形**originate**は「生じる、起こる」です。

また、オーストラリアの「アボリジニー（**aborigine**）」の**ab**は分離を表し、「初めからいた人」から「先住民」、形容詞形の**aboriginal**は動植物や民族が「古来の、原生の」です。**abortion**は「始まりから遠ざかってしまうこと」から「妊娠中絶」の意味になります。

●西洋

「東洋」の**Orient**に対して、「西洋」は**Occident**です。ラテン語で「日が落ちる方角」という意味の**occidentem**が語源で、印欧祖語で「落ちる」という意味の**kad**から来ています。

accidentは、自分のほうへ（**ac**）落ちてきたものから「事故」、**incident**は自分の上に（**in**）落ちてきたものから「事件、出来事」です。そのほか、**chance**（機会）、**occasion**（機会、場合）、**case**（事件、場合）、**cascade**（小滝）なども、落ちてくるイメージです。また、**coincide**は「一緒に（**con**）落ちる」から「同時に起こる、一致する」の意味になり、**decay**は「下に（**de**）崩れ落ちる」から「腐敗（する）、老朽化（する）」です。

●アジア

アジア（**Asia**）は、古代メソポタミアの言語であったアッカド語で「日が昇る地」に由来します。**Europe**（ヨーロッパ）は、ギリシャ神話でフェニキアの女王エウロペがゼウスにさらわれ、牛に乗って巡った地域に由来するという説がありますが、これは民間語源で、アッカド語の**erebu**（日が沈む土地）に由来するという説が正しいようです。**Europe**と**Asia**の合成語が**Eurasia**（ユーラシア）です。

ちなみに、語尾が**ia**で終わる名詞は地名や国名を表し、**Russia**（ロシア）、**India**（インド）、**Australia**（オーストラリア）、**Mesopotamia**（メソポタミア）、**Arabia**（アラビア）など枚挙に暇がありません。

（正解）③日の出

Check!

（　　）にあてはまる英語を入れてみましょう。

1. Her father is African by (　　　).
   彼女のお父さんはアフリカ生まれです。

2. I read the book in the (　　　).
   私のその本を原文で読みました。

3. The custom (　　　)ed in South Korea.
   この習慣は韓国発祥です。

4. He dropped the glass by (　　　).
   彼は偶然、そのコップを落としてしまった。

5. Her opinion (　　　)ed with my thinking.
   彼女の意見は私の考えと一致していた。

6. This vegetable is easy to (　　　).
   この野菜は腐りやすい。

Answer 1. origin　2. original　3. originat　4. accident　5. coincid　6. decay

8

Mesopotamia

メソポタミア

問題

「メソポタミア」の語源と関係のあるものは次のどれでしょうか？

①川　②平野　③山　④海

メソポタミア

古代メソポタミアは世界最古の文明の発祥地として知られています。現在のイラク、シリア北東、トルコ南東の地域一帯で、ギリシャ語の「**Meso**（間に）＋**potamos**（川）＋**ia**（地名を作る接尾辞）」に由来します。つまり、東側のチグリス川と西側のユーフラテス川に挟まれた地域がメソポタミアです。

動物の「カバ」は口語で**hippo**（ヒッポウ）と呼ばれますが、正式には**hippopotamus**（ヒポポタマス）で、語源は「**hippo**（馬）＋**potamus**（川）」です。ちなみに「カバ」は漢字で「河馬」と表記されますが、「河」は比較的大きな川を表すときに使われることが多いようです。

●チグリス川とユーフラテス川

「チグリス（**Tigris**）」はペルシャ語で「矢」の意味で、「流れの速い川」が原義です。「トラ」の**tiger**も同じ語源で、「矢のように速い動物」ということです。一方、「ユーフラテス（**Euphrates**）」は「**Eu**（良い）＋**phrates**（浅瀬、渡る）」が語源で、「渡りやすい川」に由来し、チグリス川と比べて流れが穏やかであったことを意味しています。

●「中間の」のmidとmed

Mesopotamiaの前半部分の**meso**は「中間の、中間に」の意味で、接頭辞として使われますが、**meso**は**mid / med**などに形を変えて、たくさんの単語を作り出します。

midを使った単語に、**midday**（正午）、**midnight**（夜中の12時）、**midsummer**（真夏）、**middle**（真ん中［の］）、**midst**（真ん中）、**amid**（～の最中に）などがあります。**med**に関しては、服のサイズを表す**S / M /**

Lの**M**は「中くらいの」の**medium**の頭文字で、「(肉の焼き具合が) ミディアムの」の意味でもよく使われ、名詞なら「媒体」、複数形が**media**(メディア) です。

その他、**medieval**(中世)、**mediate**(仲介する)、**immediate**は「**im**(ない) ＋**med**(間) ＋**ate**(形容詞語尾)」で「間を置かない」から「直接の、即座の」、副詞の**immediately**は「すぐに」、**intermediate**は「中級の」、さらに、形容詞の**mean**は「中くらいの、並みの」です。

●ポタミア (potamia)

Mesopotamiaの後半部分の**potamia**(川があるところ) は、印欧祖語で「駆り立てる」という意味の**pet**にさかのぼります。**appetite**は、食べたい気持ちへ(**ap**)駆り立てる「食欲」、**compete**は、共に (**com**) 駆り立てて「競争する」となります。**compete**の名詞形は**competition**(競争、競技会)で、カタカナ語の「コンペ」の基になっています。

さらに、**perpetual**は、通して (**per**) 駆り立てるから「絶え間ない」、**impetus**は、中を (**im**) 駆り立てる「はずみ、勢い」、**repeat**は、再び (**re**) 駆り立てて「繰り返す」、**helicopter**は、らせん

状（helico）に駆り立てるものから「ヘリコプター」で、これらはすべて同系語です。

正解　①川

Check!

(　　)にあてはまる英語を入れてみましょう。

1. This superstition dates back to (　　　) times.
この迷信は中世にさかのぼる。

2. Advertising is a powerful (　　　).
広告は強力な情報伝達手段だ。

3. You should go to see a doctor (　　　).
すぐに医者に診てもらったほうがいいです。

4. I have no (　　　) today.
今日は食欲がありません。

5. The two companies are (　　　)ing with each other.
その2社はお互いに競争し合っている。

6. It ranges from beginner to (　　　) level.
それは初心者から中級者レベルまであります。

Answer 1. medieval　2. medium　3. immediately　4. appetite　5. compet　6. intermediate

9

Hamburg / Salzburg

ハンブルク／ザルツブルク

問題

「ハンブルク」と「ザルツブルク」の語源の共通点は次のどれでしょうか？

①城　②山　③丘　④港

●ハンブルク

ベルリンに次ぐドイツ第2の人口を持つ都市「ハンブルク（**Hamburg**）」は、「ハンバーグ（**hamburger**）」の発祥の地だと言われています。18世紀初め頃、港湾都市であるハンブルクから米国に移住した人たちが、故郷で食べていたタルタルステーキを改良して作った料理に由来するようです。

地名の**Hamburg**（ハンブルク）は、古いドイツ語で「川の湾曲部（**ham**）」に建てられた「要塞（**burg**）」に由来します。オーストリアの「ザルツブルク（**Salzburg**）」は「塩（**salz**）＋城（**burg**）」が語源です。このように**burg**には「要塞」や「城」の意味があります。

「ベネルクス（**Benelux**）」は、ベルギー（**Belgium**）・オランダ（**Netherlands**）・ルクセンブルク（**Luxembourg**）の３国をひとまとめにした言葉です。**Luxembourg**（ルクセンブルク）は「**luxem**（小さな）＋**burg**（要塞都市）」が語源です。ちなみに、**Holland**（オランダ）は、オランダ語で「森の国」が語源の俗称で、公式名は「低い国」という意味の**Netherlands**です。

●ブルジョア

ブルジョア（**bourgeois**）とは、富裕な「中産階級の人」や「資本家」を表すフランス語由来の単語で、本来はヨーロッパの中世後期に発達した都市に住む、貴族階級と労働者階級の中間に位置する商工業者を指す言葉でした。

都会人は村に暮らす農民たちへの差別意識から都市の周辺に市壁を築きました。

urbanは「都会の、都市の」で、**rural**は「田舎の、農村の」。**urbane**は「洗練された、あか抜けした」で、それに対して**rustic**は「粗野な」と否定的なニュアンスがあります。なお、**urban**に「次の、下の」という意味の接頭辞**sub**を付けて、**suburban**にすると「郊外の」となり、**suburb**なら「郊外」。**rural**は「開かれた空間」が原義で、**room**（部屋、空間）と同じ語源です。

bourgeoisの語源は「高いところにある要塞内に暮らす人」で、印欧祖語の**bhergh**（高い）にさかのぼることができる単語です。

barrowは高く盛り上がった「古墳」、**belfry**は教会の高いところに作られる「鐘楼、鐘塔」、**borough**はニューヨーク市の「行政区」やロンドンの「区」のことで、要塞の中にある地域を表す語です。さらに、**burglar**は要塞に侵入することから「窃盗犯」、**iceberg**は海面より高く浮かぶ「氷山」のことです。

●ザルツブルク

ザルツブルク（**Salzburg**）はモーツァルト生誕の地として知られていますが、前半部分の**salz**は「塩」の意味です。英語では「塩」は**salt**で、古代ローマの兵士たちは給料の一部に塩をもらっていたことから「給料」の**salary**という語が生まれたと言われています。

同語源の単語に**salad**（サラダ）、**salami**（サラミ）、**sausage**（ソーセージ）、**sauce**（ソース）などがあり、これらの食べ物には塩が使われていたことを物語っています。

正解 ①城

Check!

(　　)にあてはまる英語を入れてみましょう。

1. Most Europeans live in (　　　) areas.
   大部分のヨーロッパ人は都市部に暮らしています。

2. I want to move to the (　　　)s of Tokyo.
   私は東京の郊外に引っ越したい。

3. I plan to live in a (　　　) area after retirement.
   私は定年後に農村地帯で暮らそうと思っています。

4. The (　　　) broke into the house through the window.
   その窃盗犯は窓から家に押し入った。

5. My (　　　) is as high as my husband's.
   私の給料は夫と同じくらいです。

6. It's only the tip of an (　　　).
   それは氷山の一角にすぎない。

Answer 1. urban　2. suburb　3. rural　4. burglar　5. salary　6. iceberg

10

McDonald

マクドナルド

問題

「ドナルド」の語源と関係のあるものは次のどれでしょうか？

①商人　②支配者　③政治家　④裁判官

●マクドナルド

　ハンバーガー（**hamburger**）がドイツの都市ハンブルグ（**Hamburg**）に由来することは前項で取り上げましたが、「マクドナルド（**McDonald's**）」はハンバーガー店の代名詞にもなっています。1940年に、マクドナルド兄弟が米カリフォルニア州で始めた**McDonald's**から、その歴史が始まりますが、**McDonald**は兄弟の名字で、語源は「ドナルドの息子」です。

マック

前半部分の**Mc**は「息子」の意味です。スコットランドとアイルランドで祖先の名字につく接頭辞で、さらに古くはケルト語の**makko-s**（息子）に由来します。ブリテン島に最初に住みついたのがケルト人だと言われていますが、ブリテン島は43年、ローマ帝国の属州になり、ケルト人とローマ人が共存することになります。

「属州」はローマ帝国時代にイタリア半島以外の領地を指した語で、ラテン語では**provincia**（プロウィンキア）と言い、現在の南フランスの「プロヴァンス（**Provence**）地方」の地名に、そのまま残されています。英語には**province**として、行政区画としての「州」や大都市に対する「地方」の意味で、14世紀中頃に入ってきました。語源は「**pro**（前に）＋**vincere**（征服する）」で、前方にある敵地を征服することが原義です。**victor**（戦勝者）、**victory**（勝利）、**convict**（有罪とする、囚人）、**convince**（説得する）、**convincing**（説得力のある）などが同系語です。その後ローマ帝国の衰退に伴い、代わりにアングロ・サクソン人が侵入し、ケルト人たちは現在のスコットランドやアイルランドに移り住むことになります。このような歴史的背景からケルト語がスコットランド語やアイルランド語の基になっていることがわかります。

Mcは、**GHQ**の最高司令官だった**MacArthur**（マッカーサー）や、シェイクスピアの悲劇の主人公の**Macbeth**（マクベス）のように、**Mac**の形でも使われます。いずれにしても、これらの人たちの祖先はスコットランドやアイルランドにいたことを示しています。

同様に、**O'Neill**（オニール）、**O'Brien**（オブライエン）、**O'Connor**（オコナー）、**O'Hara**（オハラ）の**O'**は**Of**の短縮形でアイルランド系の「～の（子孫）」を表し、**Johnson**（ジョンソン）、**Jackson**（ジャクソン）、**Robinson**（ロビンソン）などはイングランド系で、「**John / Jack / Robin**の息子（**son**）」の意味です。

●ドナルド

McDonaldの後半部分の**Donald**（ドナルド）は男性名で、ディズニー映画に登場するアヒルの**Donald Duck**（ドナルドダック）が有名です。**Donald**の語源はケルト語や古アイルランド語で「世界の支配者、権力者」なので、ドナルドダックは「世界を支配するアヒル」ということになります。

同様に、**Arnold**（アーノルド）、**Gerald**（ジェラルド）、**Ronald**（ロナルド）、**Reynold**（レーノルド）、**Harold**（ハロルド）などおなじみの名字も同じ語源です。

duck（カモ）の語源は、「水中に飛び込む」という古英語に由来します。カモが水面にお尻を出した状態で水中に頭から突っ込みエサを食べる様子から、**duck**には動詞で「(頭や身体を) ひょいと水に入れる」という意味があります。ボクシングでダッキング (**ducking**) と言えば、アヒルが水面をくぐるように、頭をすばやく下げて相手の打撃を避けることです。

(正解) ②支配者

Check!

(　　)にあてはまる英語を入れてみましょう。

1. The bird (　　　)ed into the pond.
   その鳥は池の中に頭を突っ込んだ。

2. It is no good (　　　)ing him.
   彼を説得しても無駄です。

3. He was (　　　)ed of fraud.
   彼は詐欺で有罪の宣告をされた。

4. The (　　　) is rich in mineral resources.
   その州は鉱物資源が豊富だ。

5. The competition ended in our (　　　).
   その競争は私たちの勝利に終わった。

6. It was a battle with no (　　　)s.
   それは勝利者のいない戦争だった。

Answer 1. duck　2. convinc　3. convict　4. province　5. victory　6. victor

11

Sankt-Peterburg

サンクト・ペテルブルク

問題

「サンクト・ペテルブルク」の語源と関係のあるものは次のどれでしょうか？

①空　②岩　③水　④風

●サンクト・ペテルブルク

ロシアの「サンクト・ペテルブルク（**Sankt-Peterburg**）」はモスクワに次ぐ同国第２の都市で、バルト海に面した港湾都市です。名前は「聖ペテロの要塞」に由来します。

英語の男性名**Peter**（ピーター）はドイツ語では「ペー

ター」と発音されるなど、国によって形と発音が変わります。たとえば、フランス語の**Pierre**（ピエール）、イタリア語の**Pietro**（ピエトロ）、スペイン語やポルトガル語の**Pedro**（ペドロ）、ギリシャ語の**Petros**（ペトロス）、ロシア語の**Pyotr**（ピョートル）など様々です。サンクト・ペテルブルクは、建設者のピョートル1世が自分と同じ名前の「聖ペトロ」にちなんで名付けた都市です。

●ペトロ

上述した名前は、イエス・キリストの十二使徒の一人である「ペトロ」が基になっています。もともとペトロはガリラヤ湖周辺で暮らす漁師で、洗礼者ヨハネの弟子でしたが、ヨハネが神の子と認められた日の翌日にイエスの弟子となり、のちに十二使徒の第一人者となります。

ペトロという名前はイエスが彼に与えたあだ名で、本名は「シモン（**Simon**）」でした。ギリシャ語の「岩」や「石」を表す**petros**（ペトロス）にちなんで、イエスが彼を教会の土台としての岩と見立てたことに由来します。

ペトロはローマカトリック教会の初代教皇になったとされます。ローマ市内に位置し、ローマ教皇が統治する世界最小の独立国であるバチカン市国には「サンピエトロ大聖堂」がありますが、イタリア語の**Basilica di San Pietro in Vaticano**は、英語で表せば**St. Peter's Cathedral**です。

cathedralは「大聖堂」と訳されることが多いですが、

語源はギリシャ語の「**cata**（下に）＋**hedra**（イス）」で、「司教が座るイス」から「司教座聖堂」とも訳されます。**hedra**はラテン語で、**sedere**や**sedes**に変化し、**sit**（座る）、**set**（設置する）、**settle**（定住する）、**saddle**（［自転車の］サドル）、**reside**（居住する）、**preside**（司会や議長を務める）などの語が生まれました。**reside**の派生語の**residence**は「邸宅、居住」、**resident**は「住民、居住している」、**preside**の派生語の**president**は「大統領、社長、会長」です。

●オリーブ

petroleumの語源は「**petr**（岩、石）＋**oleum**（＝**oil**）」で、「石油」の意味です。**oil**（油）は「オリーブの実（**olive**）」から取れる油に由来します。大洪水のあと、ノアが放ったハトが水が引いたことを知らせるためにオリーブの若葉を口にくわえて戻ってきたことから、「オリーブ」は平和の象徴とされたり、古代ギリシャでは運動競技の勝者にその冠が与えられるなど、欧米では縁起の良いものとされます。

これにあやかって付けられた名前が、女性の**Olivia**（オリビア）、男性の**Oliver**（オリバー）です。**petrology**は「岩石学」、**petroglyph**は「岩絵」、**petrified**は石のように硬くなったことから「石化した」となり、恐怖で表情が硬くなった状態を表す「すくんで、ひどく驚いて」の意味が生まれました。砂岩をくり抜いて造られたヨルダンの「ペトラ遺跡」も同語源です。

(正解) ②岩

Check!

(　　)にあてはまる英語を入れてみましょう。

1. We finally (　　　　)ed in our new home.
   私たちはとうとう新居に落ち着いた。
2. Many wealthy families (　　　　) in this town.
   この町には多くの裕福な家族が居住している。
3. You need a proof of (　　　　).
   居住証明が必要です。
4. She has been (　　　　) in this place for two years.
   彼女はここに2年間居住している。
5. Who will (　　　　) at the meeting?
   会議の司会をするのは誰ですか。
6. Who is the (　　　　) of South Korea?
   韓国の大統領は誰ですか。

Answer 1. settl　2. reside　3. residence　4. resident　5. preside　6. president

12

Naples / Singapore

ナポリ／シンガポール

問題

「ナポリ」と「シンガポール」の語源に共通するものは次のどれでしょうか？

①海　②港　③都市　④町

●ナポリ

ローマ、ミラノに次ぐイタリア第3の人口を持つ都市ナポリは、ベスビオ火山を背景に風光明媚な観光都市として知られていて、**See Naples and die.**（ナポリを見てから死ね）ということわざが有名です。

日本なら「日光を見ずして結構と言うなかれ」でしょ

うか。地名の由来は紀元前5世紀前半にギリシャの植民市として建設された、ギリシャ語で「新しい都市」という意味の**Neapolis**（ネアポリス）にあります。ギリシャ語で、**neos**は「新しい、若い」の意味で、印欧祖語**newo**にさかのぼります。

anewは「新しいほうへ（**a**）」から「もう一度、改めて」、**renew**は「再び（**re**）新しくする」から「更新する、再開する」となります。名詞形の**renewal**は「更新、再開」、**novel**は「新しく小さいもの（**el**）」から形容詞で「斬新な、目新しい」の意味で、名詞なら「斬新」、また、小さな話から「小説」です。「目新しい」の意味での名詞形は**novelty**（斬新さ）で、「珍しいもの」の意味でも使われます。

renovationは「再び（**re**）新しくすること」から「改装、リフォーム」、**innovation**なら、「新しいものの中に（**in**）入ること」から「革新、新機軸」です。

接頭辞的に、**neo-Nazi**（新ナチ主義者）や、**neoconservative**（新保守主義者、ネオコン）という用法もあります。原子番号10の元素で、1898年に「新しく」発見された気体が「ネオン（**neon**）」です。

●シンガポール

シンガポール（**Singapore**）は、マリーナベイ（**Marina Bay**）にある上半身がライオン、下半身が魚の形をした「マーライオン（**Merlion**）」の像で有名です。

Singaporeはサンスクリット語で「**singa**（ライオン）

の**pore**（都市）」が語源です。**Merlion**の**mer**は「海」の意味で、**marine**は形容詞で「海の」、**mermaid**は海の少女から「人魚」、**submarine**は、海の下（**sub**）から「海底の、潜水艦」です。

「ナポリ（**Naples**）」と「シンガポール（**Singapore**）」の、それぞれの後半部分は、ギリシャ語で「都市、要塞、砦」などの意味を持つ**polis**と同じ語源で、古代ギリシャの都市国家が「ポリス（**polis**）」です。

ギリシャの首都アテネにそびえる「アクロポリス（**Acropolis**）」は「**acro**（高い）＋**polis**（都市、砦）」が語源です。古代ギリシャには大小約200のポリスがあったと言われていますが、各都市のアクロポリスには、それぞれの守護神が祀られています。アテネのパルテノン神殿には処女神アテナが祀られています。アテナはゼウスを主神とするオリンポス12神の一柱で、知恵と戦術の女神です。

policeは都市を守る「警察」、**policy**や**politics**は良い都市を作るための「政策」や「政治」、**political**は「政治の」、**politician**は「政治家」です。

また、接尾辞的に、**megalopolis**のように使うと「超巨大都市」となり、**metropolis**は「母なる都市」が語源の「主要都市、大都市」です。パリの地下鉄のメトロ（**Métro**）はフランス語で「大都市の鉄道」のことで、**mother**（母）と同じ語源です。妊産婦が着る「マタニティードレス（**maternity dresses**）」は「母親が着るドレス」のことで、**maternity**は「母であること」や「母性」を表します。

正解　③都市

Check!

（　　）にあてはまる英語を入れてみましょう。

1. Somebody, call the (　　　).
   誰か、警察に電話して。

2. Honesty is the best (　　　).
   正直は最善の策である。

3. Many young people are not interested in (　　　).
   政治に興味のない若者が多い。

4. What is your favorite (　　　) party?
   あなたの好きな政党はどこですか。

5. He is one of the most famous (　　　)s in Japan.
   彼は日本で最も有名な政治家の一人です。

6. I like (　　　) sports.
   私は海のスポーツが好きです。

Answer 1. police　2. policy　3. politics　4. political　5. politician　6. marine

13

Philippines

フィリピン

問題

「フィリピン」の語源と関係のある動物は次のどれでしょうか？

①牛　②サル　③トラ　④馬

●フィリピン

東南アジアの国「フィリピン」の正式な名称は**Republic of the Philippines**で、16世紀に宗主国であったスペインのフェリペ2世（**Philip II**）に由来します。**Philip**の英語読みは「フィリップ」で、語源はギリシャ語の**Philippos**＝「**philos**（愛する）＋

hippos（馬）」、「馬を愛する人」です。

37ページでも紹介しましたが、「カバ（河馬）」の**hippopotamus**は「**hippo**（馬）＋**potamus**（川）」が語源です。古代ギリシャの医師で「医学の父」と呼ばれる「ヒポクラテス（**Hippocrates**）」は、「**hippo**（馬）＋**kratia**（＝**cracy**）（管理）」で、接尾辞の**cracy**は「管理、支配」の意味。**autocracy**は「**auto**（自分で）＋**cracy**（管理）」から「独裁政治」となります。同様に**democracy**は「**demo**（民衆）＋**cracy**（管理）」から「民主政治」、**aristocracy**は「**aristo**（最高の＜身分＞）＋**cracy**（支配）」から「貴族階級」です。

hippocampusは「**hippo**（馬）＋**campus**（海獣）」から、タツノオトシゴに形が似た脳の記憶に関わる器官の「海馬」です。古代ギリシャの哲学者「ソクラテス」の妻で、悪妻の代名詞になっている「クサンティッペ（**Xanthippe**）」の英語読みは「ザンティッピ」で、「**xanthos**（黄色い）＋**hippos**（馬）」が語源です。

●フィル（愛する）

Philippinesの前半部分の**phil**はギリシャ語の「愛」です。**philharmonic**は、「ハーモニーを愛する」から「音楽愛好の、交響楽団の」、**philanthropy**は「**phil**（愛する）＋**anthrop**（人類）＋**y**（こと）」から「人類愛、博愛」となります。**philanthropic**は「博愛主義の」、**philanthropist**は「博愛主義者」です。米国ペンシルバニア州の大都市「フィラデルフィア（**Philadelphia**）」

は、**adelphos**（兄弟）を愛すること、すなわち「兄弟愛」に由来します。

「哲学」の**philosophy**は「**philo**（愛する）＋**sophia**（知識、知恵）」が語源で、古代ギリシャでは、自然科学・人文科学・社会科学を含む、学問一般の意味で使われていた語です。**Ph.D.**と表記される「博士号」は**Doctor of Philosophy**を略したもので、ここに**philosophy**本来の意味が表されています。「哲学者」は**philosopher**です。

「知識、知恵」を意味する**sophy**の派生語である**sophist**は「詭弁家」で、**wise man**（賢い人）を意味するギリシャ語がラテン語を経て初期近代英語に入ったものです。**sophism**は「詭弁」、**sophistry**は「詭弁を弄すること」です。また、**sophisticated**は「洗練された、教養のある」です。

直接民主制のポリスでは民会や法廷などで、自分の意見を的確に述べるための弁論術の習得が不可欠で、それを教える人がソフィストでした。議論に参加する者にとって最も重要なのは真理の追求ではなく、いかに相手を論破するかにあったので、ソフィストの中心的な仕事は詭弁を弄することでした。

sophomoreの原義は「知恵のある者」で、大学の「2年生」や「2年生議員」を表します。形容詞形の

sophomoricは「2年生の」の意味の他に「未熟な」の意味もあります。2年生にもなると、何でもわかったような気がして知ったかぶりをする者が多くなることから生まれた語です。

(正解) ④馬

Check!

(　　)にあてはまる英語を入れてみましょう。

1. (　　　) no longer exists in this country.
   もはや民主主義はこの国には存在しない。

2. His (　　　) in life is to treat everyone equally.
   彼の人生哲学はあらゆる人を平等に扱うことだ。

3. Plato is a famous Greek (　　　).
   プラトンはギリシャの有名な哲学者だ。

4. She has (　　　) tastes in clothes.
   彼女は服の趣味が洗練されている。

5. He is both a (　　　) and a capitalist.
   彼は博愛主義者でもあり資本家でもある。

6. I'm a (　　　) at Sophia University.
   私は上智大学の2年生です。

Answer 1. Democracy 2. philosophy 3. philosopher 4. sophisticated 5. philanthropist 6. sophomore

14

Stratford-upon-Avon

ストラットフォード・アポン・エイボン

問題

「ストラットフォード・アポン・エイボン」の語源と関係のあるものは次のどれでしょうか？

①貴族　②王様　③軍隊　④農民

●ストラットフォード

　英国の劇作家・詩人の「ウィリアム・シェイクスピア（**William Shakespeare**）」の生誕地は**Stratford-upon-Avon**（ストラットフォード・アポン・エイボン）です。「エイボン川に面したストラットフォード」が原義で、**Stratford**は「**strat**（ローマ街道）＋**ford**（浅瀬）」

に由来します。

　英国は43年にローマ皇帝クラウディウスによってローマの属州となり、以後、約370年間ローマ人に支配されることになります。その間、ローマ軍によって国内の各地に軍用舗装道路が敷設されました。**Stratford-upon-Avon**は、エイボン川の浅瀬をローマ軍が渡ったことを表していた地名です。「軍用舗装道路」はラテン語で**via strata**で、「広げられた道」が語源です。ラテン語の**strata**から英語の「通り」や「道」の**street**が生まれました。広げて積み上げて作るイメージです。ちなみに、「通り」や「道路」の**road**は「馬に乗る」という意味の**ride**と同じ語源で、馬に乗る「準備ができている」のが**ready**です。

●ストラクチャー

　structureは「積み上げたもの」から「構造、建造物」の意味です。**construct**は「**con**（一緒に）＋**struct**（積み上げる）」から「建設する」、形容詞形**constructive**は「建設的な」で、名詞形**construction**は「建設」です。**construct**の対義語の**destroy**は「積み上げない（**de**）」から「破壊する」となります。形容詞形**destructive**は「破壊的な」、名詞形**destruction**は「破壊」、**destroyer**は「破壊者、駆逐艦」です。**instruct**は、上に（**in**）積み上げて基礎から「教える」となり、形容詞形**instructive**は「ためになる」、名詞形**instruction**は「指示、指導、取扱説明書」、**instructor**は「指導者」

です。**obstruct**は、相手に向かって（**ob**）積み上げ「妨げる」、その名詞形**obstruction**は「妨害」です。

●トリビア

via strataの前半部分の**via**は「道」の意味で、そのままの形で英語に借入され、**fly to London via Paris**（パリを経由してロンドンに飛ぶ）のように、「～経由で」という意味の前置詞として使います。

trivialは、ローマ時代に3本の（**tri**）道が交差した三差路には、公共の広場や多くの人たちが集まる場所があったことから、「ありふれた」や「平凡な」の意味が生まれました。名詞形**trivia**（トリビア）は「ささいなこと」や「雑情報」のことです。**trivial**にはもう一つ語源の説があります。中世ヨーロッパの大学での授業には自由七科という科目がありました。初級三科と上級四科に分かれ、前者がラテン語の文法学、修辞学、論理学、後者が算術、幾何学、天文学、音楽でした。このうち、初級の三科目は**trivium**と呼ばれていて、学生たちにとって退屈でつまらないものであったことから、**trivial**が「つまらない」の意味で使われるようになりました。

previousは「前に（**pre**）通った道」から「以前の」、**obvious**は「反対方向（**ob**）の道からやってくる」から

「明らかな」です。**devious**は「道から外れる（**de**）」から「遠回りの、よこしまな」、**vehicle**は「道を行く小さなもの（**cle**）」から「乗り物」の意味になります。

正解　③軍隊

Check!

(　　)にあてはまる英語を入れてみましょう。

1. The professor (　　　)ed his students in Spanish.
   その教授はスペイン語で生徒たちを教えた。

2. The (　　　) owner of this house was an artist.
   この家の前の所有者は芸術家でした。

3. A new airport will be (　　　)ed near here.
   この近くに新空港が建設される。

4. The town was (　　　)ed by a fire.
   その町は火災で破壊された。

5. It is (　　　) that she is lying.
   彼女が嘘をついているのは明らかだ。

6. Are you (　　　) to order?
   ご注文の用意はよろしいでしょうか。

Answer　1. instruct　2. previous　3. construct　4. destroy　5. obvious　6. ready

15

Frankfurt / Bosphorus

フランクフルト／ボスポラス

問題

「ボスポラス海峡」の語源と関係のある動物は次のどれでしょうか？

①牛　②ブタ　③象　④クジラ

●フランクフルト

ドイツの国際都市フランクフルト(**Frankfurt**)は、ソーセージで有名です。小文字の**frankfurt**(「フランクファート」と発音)または**frankfurter**(「フランクファーター」と発音)は「フランクフルトソーセージ」のことです。

Frankfurtの語源は、「**Frank**(フランク人)＋**furt**(浅

瀬)」です。かつてフランク王が敵に追われマイン川にたどり着いたときに、浅瀬を渡っているシカを見て、それに導かれるように川を渡り、難を逃れたという話に由来します。**furt**は、前項で取り上げたストラットフォード（**Stratford**）の**ford**（浅瀬）と同じ語源です。フランク王国は、５世紀から９世紀にかけて西ヨーロッパを支配したゲルマン系の王国で、現在の「フランス(**France**)」の基になりました。「率直な」という意味の**frank**はフランク人が奴隷ではなく自由民であったことに由来します。

●フルト

「浅瀬」の**furt**や**ford**は、印欧祖語で「行く、運ぶ」「前に、先に」という意味を表す**per**にさかのぼります。

firstは本来、最上級で「１番目（の)」の意味です。**far**は「先のほうへ」から「遠くの」に、**ferry**（フェリー)は人や乗り物を運ぶことから「渡し舟」の意味になりました。さらに**fare**は乗客を運ぶ乗り物の「運賃」に、**farewell**は旅に出る人への「元気に行ってきて」という言葉から「別れの挨拶」に、**welfare**は「うまくやっていくこと」から「福祉」や「幸福」に発展しました。**far**（遠くの）の比較級と最上級は、**farther - farthest**と**further - furthest**の二種類があり、前者が「距離」を、後者は「程度」を表すとされていましたが、今日では、この二つは区別なく使われることが多いです。たとえば、「私はもう（先に）歩けません」は、**I can't walk any**

farther. でも、**I can't walk any further.** でもかまいません。

その他、**former**（前の）、**forefather**（祖先）、**forehead**（額）、**foresight**（先見の明）、**forecast**（予報）、**foresee**（予見する）、**foretell**（予言する）などもすべて「前」のイメージです。

●オックスフォードとボスポラス

英国の大学都市オックスフォード（**Oxford**）は「牛が渡る浅瀬」が語源です。同様に、黒海とマルマラ海の間にある「ボスポラス海峡」の **Bosphorus / Bosporus** も「牛が渡る浅瀬」が語源で、ここが太古の昔に浅瀬であったことを物語っています。

ギリシャ神話に登場する主神ゼウスは女性好きで不倫の常習犯でした。あるとき、不倫相手の娘イオを牝牛の姿に変えて正妻のヘラをだまそうとしますが、それを見破ったヘラはイオに恐ろしいアブを放ち、その結果、イオは牛の姿のまま海峡を泳いで渡ったとされます。この海峡がボスポラスです。

buffalo は「水牛」、**beef** は「牛肉」の意味で、**butter**（バター）は「牛のチーズ」がラテン語を経て古英語に入ったものです。**bulimia** は牛のような食欲から「過食症」を意味します。**bovine** は「牛属の」の意味で、**BSE**（狂牛病）は、**bovine spongiform encephalopathy**（牛海綿状脳症）の省略形です。ただしこれは専門用語なので、日常会話では**mad cow disease**と言うのが普通です。

正解　①牛

Check!

(　　)にあてはまる英語を入れてみましょう。

1. Who was the (　　　) mayor of this city?
   この市の前の市長は誰でしたか。
2. The weather (　　　) says it will rain tomorrow.
   天気予報では明日は雨です。
3. To be (　　　) with you, I'm against the plan.
   率直に言って、その計画には反対です。
4. How (　　　) is it from here to the station?
   ここから駅までどれくらいの距離ですか。
5. A (　　　) party was held for me.
   お別れ会が私のために開かれた。
6. The fund was used for the sake of social (　　　).
   その基金は社会福祉のために使われた。

Answer　1. former　2. forecast　3. frank　4. far　5. farewell　6. welfare

16

Portugal

ポルトガル

問題

「ポルトガル」の語源と関係のある飲み物は次のどれでしょうか？

①ビール　②ワイン　③ウイスキー　④コーラ

●ポルトガル

イベリア半島西端に細長く延びる「ポルトガル（**Portugal**）」の国名は、首都のリスボンに次ぐ第2の都市「ポルト（**Port**）」に由来します。ローマ時代、ポルトは港湾都市として栄え、**Portus Cale**（ポルトゥス・カレ）＝「カレの港」と呼ばれていて、これが「ポルト

ガル」という国名の
起源になりました。
ポルトから出荷される「ポートワイン」は、独特のコクと甘みのある食後酒として世界的に有名なワインです。

「ポルトガルの」や「ポルトガル人」を意味する**Portuguese**の語尾の**-ese**は、「〜に属する、〜の人」という意味を表すフランス語（**-ois / -ais**）の影響を受けたものですが、英語で使われる**-ese**は「外国のもの、不自然なもの」という響きがあり、ここから**officialese**（官庁用語）のような軽蔑的な用法が生まれたと考えられます。**Portuguese**の他に、語尾が**ese**で終わる単語には**Japanese**（日本人）、**Chinese**（中国人）、**Vietnamese**（ベトナム人）、**Lebanese**（レバノン人）などがありますが、日本が入っているのに抵抗感があるのは筆者だけでしょうか。

●ポート

名詞で「港」を意味する**port**の語源は、印欧祖語で「行く、運ぶ」という意味を持つ**per**にさかのぼります。先に取り上げた**Euphrates**（ユーフラテス）、**Frankfurt**（フランクフルト）、**Oxford**（オックスフォード）、**Bosphorus**（ボスポラス）などに見られる「浅瀬」も同じ語源です。**passport**は自国や海外の港の出入りに必要な「旅券」、**airport**は文字通り、「空の港」です。ホテルの**porter**は客の荷物を「運ぶ人」、**portable**は「運ぶことができる（**able**）」から「携帯用の」の意味です。

また、**import**は「港の中に（**im**）運ぶ」から「輸入する、輸入品」、**important**は、輸入をするほど「重要な、大切な」という意味になります。**export**は「港の外に（**ex**）運ぶ」から「輸出する、輸出品」です。

reportは事件の現場から元の場所へ（**re**）足を運んで「報告する」、**support**は「下で（**sup**）支えながら運ぶ」から「支持する、支援する」、**transport**は「越えて（**trans**）運ぶ」から「輸送する」、**deport**は「人を港から離れたところに（**de**）運ぶ」から「強制送還する」となります。

opportunityは「港に向かって（**op**）商機をつかむこと」から「機会、好機」の意味になり、形容詞形**opportune**は「好都合な、タイムリーな」です。**importune**は動詞で「しつこく頼む」、**importunate**は形容詞で「しつこい」ですが、共に語源は「港がなく不便なこと」で、港を求める気持ちから生まれた語です。

「スポーツ（**sport**）」は、**disport**の**di**が消失した単語で、「**dis**（離れて）＋**port**（運ぶ）」が原義です。「職場や学校から離れたところに足を運ぶこと」から生まれた言葉で、**sport**という単語には「気晴らし」や「娯楽」の意味もあります。

正解　②ワイン

Check!

(　　)にあてはまる英語を入れてみましょう。

1. Japan (　　　)s bananas from Taiwan.
   日本は台湾からバナナを輸入している。

2. Chile (　　　)s a large amount of copper to Japan.
   チリは日本に大量の銅を輸出している。

3. I have a wife and two children to (　　　).
   私は扶養するべき妻と子どもが二人います。

4. The helicopter was used for (　　　)ing drugs.
   薬の輸送にヘリコプターが使われた。

5. I had an (　　　) to publish a book.
   私は本を出版する機会を得た。

6. He was (　　　)ed for illegal entry.
   彼は不法入国で強制送還された。

Answer 1. import　2. export　3. support　4. transport
5. opportunity　6. deport

17

Cologne

ケルン

問題

「ケルン」の語源と関係のあるものは次のどれでしょうか？

①香水　②時計　③ネックレス　④ハンドバッグ

●ケルン

ベルリン、ハンブルク、ミュンヘンに次ぐドイツ第４の都市「ケルン」は英語表記では**Cologne**（「カロウン」と発音）です。市内の中心に位置し、ゴシック建築を代表するカトリック教会「ケルン大聖堂」が有名です。フランス語由来の「オーデコロン（**eau de Cologne**）」

は香料濃度の薄い香水のこと。「ケルンの水」という意味で、1709年にケルンに住んでいたイタリア人香水職人が開発し、彼がケルンに敬意を込めて名付けたと言われています。

Cologne（ケルン）はラテン語で「植民地」を表す**Colonia**に由来し、かつてこの地がローマ帝国の属州であったことを物語っています。**Colonia**はラテン語の**colere**（耕す）から派生した語で、14世紀末に**colony**（植民地）として英語に借入されました。**colony**とは文字通り、人々が暮らしやすいように「耕した土地」が原義で、生物が生息しやすいようにしたものが「群生、コロニー」です。「文化」の**culture**（カルチャー）は心を耕すことで、「耕作、栽培」などの意味もあり、接尾辞的に使った**agriculture**は「畑（**agri**）を耕すこと」から「農業」、**aquaculture**は「水（**aqua**）で耕すこと」から「水産養殖」、**floriculture**は「花（**flor**）を耕すこと」から「草花栽培」などの意味になります。**cultivate**は「耕す、栽培する」、形容詞形**cultivated**は「教養のある、洗練された」、名詞形**cultivation**は「耕作、栽培」です。

●サイクル

ラテン語の動詞**colere**（耕す）は印欧祖語で「グルグル回る、回転する」という意味の**kwel**にさかのぼることができ、回転する「車輪」は英語で**wheel**です。鍬《くわ》や犂《すき》をグルグル回転させながら土地を耕すイメージです。中世ヨーロッパでは10世紀以降の気候の温暖化に伴い、森林を切り拓いて農業革命が起こりましたが、そのときに活躍したのが重量有輪犂（**heavy wheeled plow**）でした。重たい鉄製の車輪に付けた犂を牛に引かせ、深くまで掘ることができた農機具です。

車輪をグルグル回して走る**bicycle**（自転車）、**tricycle**（三輪車）や、**recycle**（リサイクル）などに含まれる**cycle**は「周期、循環、サイクル」です。インド洋や南太平洋上で発生する熱帯低気圧の**cyclone**（サイクロン）もグルグル回るイメージです。

「百科事典」の**encyclopedia**は、「**en**（中に）＋**cyclo**（周囲）＋**ped**（幼児）」が語源で、子どものしつけに関わることから生まれた語です。ギリシャ神話に登場する単眼の巨人「キュクロプス」は英語では**Cyclops**（サイクロプス）で、一つの大きな目をクルクル回す化け物です。米国の南北戦争終結後に設立された白人至上主義を掲げる秘密結社「**KKK**（ケー・ケー・ケー）」は**Ku Klux Klan**の略で、ギリシャ語の「**kuklos**（＝**cycle**［円、輪］）＋**klan**（＝**clan**［一族］）」が語源です。怪しい一族の集団が輪になって何かを企んでいる様子がイメージできます。

正解　①香水

Check!

(　　)にあてはまる英語を入れてみましょう。

1. Japan and South Korea have different (　　　)s.
日本と韓国は異なった文化を持つ。

2. (　　　) is important to this country's economy.
農業はこの国の経済にとって重要だ。

3. The land is hard to (　　　).
その土地は耕作しにくい。

4. Empty cans will be (　　　)ed.
空き缶はリサイクルされる。

5. My son can't ride a (　　　) yet.
息子はまだ自転車に乗れません。

6. I carry a spare (　　　) in my car.
私は自動車にスペアの車輪を入れて移動しています。

Answer　1. culture　2. Agriculture　3. cultivate　4. recycl　5. bicycle　6. wheel

18

Munich / Westminster

ミュンヘン／ウェストミンスター

問題

「ミュンヘン」の語源と関係のあるものは次のどれでしょうか？

①醸造所　②音楽　③村　④修道士

●ミュンヘン

ベルリン、ハンブルクに次ぐドイツ第３の都市「ミュンヘン」の英語表記は**Munich**（「ミューニック」と発音）です。札幌市と姉妹都市で、どちらもビールで有名です。1158年にカトリック教会の厳格な戒律を重んじるベネディクト会修道士たちによって建設された市場都市で、語源はドイツ語で「修道士」を意味する単語です。

彼らは黒い服を着ていたことから**Black Monk**と呼ばれていました。英語で「修道士」は**monk**です。ギリシャ語の**monakhos**（＝**one who lives alone**）に由来します。「人里離れたところに暮らす孤独な人」が原義で、彼らは文字通り人里離れたところにある修道院で司祭になるために寸暇を惜しんで祈りと労働に勤しんでいました。

「修道院」はギリシャ語で「独居房」を意味する**monasterion**が、ラテン語とフランス語を経由し、**monastery**となって14世紀に英語に借入されました。ロンドン中央部の自治区「ウエストミンスター（**Westminster**）」は英国の「国会議事堂」の名称でもありますが、**Westminster Abbey**は「ウエストミンスター寺院」のことです。**minster**は、**monastery**と同語源で、修道院の「教会堂」や「大聖堂」として英語に借入された語です。

monoで始まる**monorail**（モノレール）、**monochrome**（モノクロ）、**monotone**（モノトーン）、**monologue**（モノローグ）はすべて「1」を表すギリシャ語由来の単語です。このうち、**monotone**の形容詞形**monotonous**は「一本調子の」から「単調な」という意味になります。その他、**monopoly**（独占権）、**monarchy**（君主制）、**monograph**（専門書）なども覚えておきたい単語です。

●女子修道院

「修道女」を意味する英語は**nun**で、これはお母さんへの呼びかけを表す古代ペルシャ語の**nana**、あるいは叔母さんへの呼びかけを表すギリシャ語の**nanna**に由来します。**nanny**は「子どもの世話をする女性」や「ばあや」の意味です。

「女子修道院」は**convent**で、「**con**（一緒に）＋**vent**（行く、来る）」が語源です。ロンドンのウエストミンスター地区内に「コベント・ガーデン（**Covent Garden**）」と呼ばれる商店や娯楽施設が密集した地域があります。ここは13世紀にウエストミンスター寺院所有の菜園があった場所で、当時は**Convent Garden**（女子修道院の庭）と呼ばれ、1974年まで青果物市場が置かれていました。

conventの後半部の**vent**（来る）は、ラテン語で「来る」を表す**venire**が基になっています。**advent**は「こっちに向かってやってくること」から「到来」や「出現」の意味で、**the Advent**とすると「キリストの降臨」です。**adventure**は、どこかに「向かっていくこと」から「冒険」です。**ad**が消失した形の**venture**は「冒険的事業」ですが、動詞としても使われ、「危険を冒して進む」から、**venture to do** ～の形で「思い切って～する」の意味を表します。**event**は「外に出てきたもの」から「出来事」、**eventually**はいろいろな出来事を経ることから「最終的に」です。その他、**invent**は頭にひらめくイメージから「発明する」、**convenient**は、いつも一緒についてくるから「便利な」、**intervene**は間に入って「邪魔をする」などの意味になります。

(正解) ④修道士

Check!

(　　)にあてはまる英語を入れてみましょう。

1. He (　　　)ed to propose to her.
   彼は彼女に思い切ってプロポーズした。
2. Our team (　　　) won the game.
   最終的に我がチームは試合に勝った。
3. Who (　　　)ed the telephone?
   電話を発明したのは誰ですか。
4. When is it (　　　) for you?
   いつ都合がよろしいですか。
5. His lecture is always (　　　).
   彼の講義はいつも単調だ。
6. The company has a (　　　) on the production of cement.
   その会社はセメント製造の独占権を持っている。

Answer 1. ventur 2. eventually 3. invent 4. convenient 5. monotonous 6. monopoly

19

Albion / Alps

アルビオン／アルプス

問題

「アルプス」の語源とされる説と関係がない形容詞は次のどれでしょうか？

①高い　②白い　③寒い

●アルビオン

「アルビオン（**Albion**）」はブリテン島やイングランドを表す上品な響きのある古い言葉ですが、本来はヨーロッパ大陸に最も近いドーバー海峡沿岸に広がる白亜層の高くそびえる断崖をそう呼びました。古代ローマ人がブリテン島に上陸しようとしたときに眼前に映った白い崖を見て、ラテン語で**albus**（白い）と言ったことに由来します。英語では、この白い断崖を**White Cliffs of Dover**（ドーバーの白い崖）といいます。

「**album**（アルバム）」の語源は「白い板」で、古代ローマ時代、法務官の勅令や元老院議員の一覧表、公的な事件などを白板に書いて市民に知らせたことに由来します。日本の瓦版のようなものでした。**alb**は司祭がミサのときに着る「白麻の服」、**albino**は人間や動物で先天的にメラニン色素が欠乏していて、皮ふ・頭髪などが白色である個体を意味します。また、**albinism**は「白皮症」や「白化現象」、**albumen**は「卵の白身、アルブミン」です。

バルカン半島の南西部に位置し、西はアドリア海に面して対岸にはイタリア半島を臨む「アルバニア（**Albania**）」も、ラテン語の「**albus**（白い）＋**ia**（国名を表す接尾辞）」が語源で、アルビオンと同様に、この国の地質が石灰岩質で白いことに由来します。アルバニア語はインド・ヨーロッパ語族の一つの語派に属する言語です。

また、語源は定かではありませんが、羽の色が白い「アホウドリ」は**albatross**です。その翼と風を巧みに利用して長距離を渡り飛べることから、ゴルフでは基準となる「パー（**par**）」よりも３打少ない打数でホールアウトすることを「アルバトロス」と言います。ちなみに、パーよりも1打少ないのは「小鳥ちゃん」の「バーディー(**birdie**)」、2打少ないのは小鳥よりも高く飛ぶ「ワシ」の「イーグル(**eagle**)」です。

●アルプス

フランス、スイス、イタリア、オーストリアにまたがる大山脈で、山頂が常に雪で覆われているアルプス(**Alps**)も「白い山」が語源です。ただし、この単語の語源についてはラテン語で「高い」という意味の**altus**に由来するという別の説があります。これに関連して、教会で高くなった部分を指す「祭壇」の**altar**、「高度、標高」の**altitude**、「高度計」の**altimeter**などの単語を挙げることができます。

これらは印欧祖語で「成長する」という意味の**al**にさかのぼって考えることもできます。成長するイメージを持つ、**old**(古い、~歳の)、**elder**(年上の)、**eldest**(一番年上の)、**elderly**(年配の)、**adult**(大人、成人)、**adolescent**(思春期の[若者])などが同系語です。その他、**exalt**は外に(**ex**)成長するから「昇進させる」、**haughty**はお高く留まって「横柄な」、**abolish**は成長から離れるから「廃止する」、**coalition**は共に成長することから「連立政府、連合体」となります。

(正解) ③寒い

Check!

(　　)にあてはまる英語を入れてみましょう。

1. He always speaks in a (　　　) tone.
   彼はいつも横柄な口調で話す。

2. What is the (　　　) of this place?
   この場所の高度はどれくらいですか。

3. My (　　　) brother is a politician.
   私の兄は政治家です。

4. She is my (　　　) sister.
   彼女は私の一番年上の姉です。

5. Two (　　　)s, please.
   大人2人お願いします。

6. That country (　　　)ed capital punishment.
   その国は死刑を廃止した。

Answer 1. haughty　2. altitude　3. elder　4. eldest　5. adult　6. abolish

20

Hermes / Mercury

エルメス／マーキュリー

問題

フランス高級ブランドの「エルメス」と関係の深い動物は次のどれでしょうか？

①犬　②牛　③鳥　④馬

●エルメス

「エルメス（**Hermes**）」は、1837年に創業者のティエリ・エルメスがパリに開業した高級馬具工房から始まりました。その後、馬車文化の衰退と自動車産業の発展に伴い、馬具造りの技術を利用して上質な皮革で製造したカバンや財布などが人気を博したことで今日に至ります。

エルメスのロゴマークに使われている馬車と御者が、その歴史を物語っています。フランス語では**H**の文字は発音しないので日本でも「ヘルメス」ではなく「エルメス」と呼ばれていますが、英語読みは「ハーミーズ」です。**Hermes**という固有名詞は、ギリシャ神話でゼウスを頂点とするオリンポス12神の一柱で、商人や旅人の守護神である「ヘルメス(**Hermes**)」に由来します。彼は神々（特にゼウス）の使者として神話の様々な場面に登場します。

●メルクリウス

ギリシャ神話の「ヘルメス」は、ローマ神話では「メルクリウス（**Mercurius**)」と呼ばれ、主神ユピテル(**Jupiter**）の使者として知られています。英語名は**Mercury**（マーキュリー）で、太陽に最も近い惑星の「水星」の意味もあり、小文字で**mercury**なら「水銀」です。「水星」という名前は、神々の使者として天空や大地を駆け巡ったメルクリウスが、公転日数88日という天球上をせわしなく移動する惑星と結び付けられたものと考えられます。この水星のイメージから、14世紀後半、流動性のある液体金属が「水銀（**mercury**)」と名づけられました。

同じ語源を持つ単語に「市場」の**market**（マーケット）があります。ドイツ語では**markt**（マルクト）、フランス語では**marché**（マルシェ）、スペイン語では

mercado（メルカード）、イタリア語では**mercato**（メルカート）です。これらはすべて「取り引きをする」という意味のラテン語**mercari**（メルカリ）にさかのぼります。フリマアプリの「メルカリ」もここから来ています。普通の規模を超えた（**super**）大きさの市場が**supermarket**（スーパーマーケット）、「取り引きをする人」は**merchant**（商人）、「取り引きされるもの」は**merchandise**（商品）ですが、日常会話では「商品」は**goods**が普通です。

ちなみに、休日に公園などの施設を利用して行われる「フリーマーケット」は**free market**（自由市場）ではなく、**flea market**（ノミの市）です。

フランス語で「ありがとう」は「メルシー（**merci**）」ですが、これは「取り引きの対価」すなわち「報酬」が原義で、神の恵みに対する感謝の気持ちに由来します。**merci**から生まれた英単語が「情け」や「慈悲」を意味する**mercy**で、形容詞形**merciful**は「慈悲深い」、**merciless**は「無慈悲な」です。**commerce**は「**com**（一緒に）＋**merce**（取り引き）」が語源で、「取り引きし合うこと」から「商業」や「貿易」の意味になり、形容詞形**commercial**は「商業の」、**mercenary**は形容詞なら「報酬目当ての」、名詞なら報酬をもらう「傭兵」です。

marketの語尾の**et**は、指小辞と呼ばれ、小さいことをイメージさせる名詞を作ります。**packet**（小包、密閉容器）、**bracelet**（ブレスレット）、**anklet**（アンクレット）、**tablet**（タブレット、錠剤）、**toilet**（トイレ）、**fillet**（ヒレ肉）、**closet**（押入れ）など枚挙に暇がありません。

正解　④馬

Check!

(　　)にあてはまる英語を入れてみましょう。

1. The new product is on the (　　　).
   その新製品は市場に出ています。

2. He showed (　　　) to his enemy.
   彼は敵に慈悲を見せた。

3. The (　　　) was carefully inspected.
   その商品は注意深く検査された。

4. He has a talent for (　　　).
   彼は商売の才能がある。

5. God is (　　　).
   神は慈悲深い。

6. My daughter goes to a (　　　) college.
   娘は商業大学に通っています。

Answer　1. market　2. mercy　3. merchandise　4. commerce　5. merciful　6. commercial

21

Columbia / Christopher

コロンビア／クリストファー

問題

「キリスト」の語源と関係のあるものは次のどれでしょうか？

①酒　②油　③酢　④血

●コロンビア

「コロンビア（**Colombia**）」は南米大陸の北西部に位置する共和国です。人口は南米では、ブラジルに次ぐ第２位の国で、1492年に米国に到達したコロンブス（**Columbus**）の名に由来します。米サウスカロライナ州の州都である「コロンビア（**Columbia**）」も同じコロンブス由来の地名です。

米国の北東部にある８校の私立大学は総称して「アイビーリーグ（**Ivy League**）」と呼ばれますが、ハーバード大やイェール大と並んでコロンビア大学もそのうちの一つで、伝統的なエリート校として知られています。アイビーリーグという名は、これらの大学のレンガ造りの校舎に「ツタ（**ivy**）」が絡んでいたことに由来すると言われています。

●コロンブス

コロンブスのファーストネームは**Christopher**（クリストファー）ですが、この名前は３世紀中頃の半伝説的殉教者の男性名に由来し、「**Christ**（キリスト）を**pher**（運ぶ人）」が語源です。彼は世界で一番強い者に仕えたいという願いから、王様や悪魔の家来になり、最後に仕えたのがキリストでした。ある嵐の夜に、ある少年を背負って濁流を進む中、次第に少年が重くなり、溺れそうになりながらも何とか向こう岸にたどり着くことができました。

のちに彼は少年がキリストであることと、その少年の重さが世界のすべての罪と苦しみを背負っていることによることを知ることになります。この伝説はライン川周辺にも残っていて、ケルン大聖堂にはクリストファーが幼いキリストを背負っている像が安置されています。

Christ（キリスト）はギリシャ語の**khristos**（聖油を注がれた）が語源です。旧約聖書では秀でた王様が王座に就くときの儀式として額に油を注がれたことに由来します。この儀式に使われていた聖油は**chrism**と呼ばれ、オリーブ油とバルサム（**balsam**）と呼ばれる香油を混ぜたものです。**balm**は「鎮痛剤」や「香油」の意味で、形容詞形**balmy**は「さわやかな、穏やかな」、**balsamic vinegar**は「バルサミコ酢」です。**cream**（クリーム）も**chrism**と同系語です。

Christopherの後半部分の**pher**は**fer**と共に「運ぶ、産む」という意味の印欧祖語**bher**にさかのぼります。**b**で始まる単語に**bear**（運ぶ、生む）、**birth**（誕生）、**bring**（持ってくる）、**burden**（重荷）などがあり、**fer**が含まれる次の単語も同系語です。

offerは「向かって（**of**）運ぶ」から「申し出る」、**prefer**は「自分の前に（**pre**）運ぶ」から「好む」となります。さらに、**suffer**は「下で（**suf**）運ぶ」から「苦しむ」、**differ**は「離れたところに（**dif**）運ぶ」から「異なる」、**refer**は「元の場所に（**re**）運ぶ」から「言及する、参照する」、**transfer**は「越えて（**trans**）運ぶ」から「移る」となります。

正解　②油

Check!

(　　)にあてはまる英語を入れてみましょう。

1. This plant doesn't (　　　) fruit.
   この植物には実がならない。
2. He is American by (　　　).
   彼は生まれはアメリカ人だ。
3. I (　　　) baseball to soccer.
   私はサッカーより野球が好きだ。
4. He is (　　　)ing from illness.
   彼は病気に苦しんでいる。
5. The twins (　　　) in character.
   その双子は性格が異なる。
6. You can (　　　) to a dictionary.
   辞書を参照してもいいです。
7. We (　　　)ed from the train to a bus.
   私たちは電車からバスに乗り換えた。

Answer 1. bear　2. birth　3. prefer　4. suffer　5. differ
6. refer　7 transferr

22

Brazil

ブラジル

問題

南米の「ブラジル」の語源と関係のあるものは次のどれでしょうか？

①カレー　②パン　③パスタ　④米

●ブラジル

南米で最も広い国土を持つ「ブラジル（**Brazil**）」の面積は世界で第５位です。ポルトガル人のペドロ・アルヴァレス・カブラルによって発見された当時は「聖なる十字架（**sacred cross**）」という意味の「サンタクルス（**Santa Cruz**）」と呼ばれていました。

のちに、「赤い染料の木の大地」という意味のポルトガル語**terra de brasil**から**Brazil**と呼ばれるようになりました。赤い染料の**Brazil wood**（ブラジルウッド）は、現在でもバイオリンの弓の材料に使われています。

ポルトガル語の**brasil**は、印欧祖語で「焼く、煮える、ふくれる」という意味の**bhreu**に由来します。英語では小麦粉を主原料に焼く「パン」が**bread**、「煮出し汁」が**broth**、嫁いだ先の夫の家でパンを焼く「花嫁」が**bride**です。

なお、**bride**（花嫁）の形容詞は**bridal**（花嫁の）ですが、**bridal**の語源は「**bride**（花嫁）＋**ale**（エール、ビール）」なので、本来は「結婚披露宴」の意味で使われていた名詞でした。のちに、語尾の**al**が形容詞語尾と混同され、形容詞として使われるようになったという経緯があります。

ビールの原料を発酵させ、ブツブツと泡を立てて「醸造する」のが**brew**で、「醸造する場所」が**brewery**です。肉や魚をグリルを使って直火で「焼く」のが**broil**、親鳥が卵を抱いて温めながらヒナをかえすことが原義の**breed**は「繁殖させる、子を産む」、鳥が「卵を抱く」のが**brood**です。

bribeは物乞いにパンの小片を与えることが原義で、のちに役人に贈る「賄賂」の意味に変化したものであるという説がありますが、パンをちぎる行為の**break**に由来するという説もあります。

● テラ

terraはラテン語で「大地」の意味で、大文字の**Terra**（テラ）または**Tellus**はローマ神話で「大地の女神」です。この語は「乾いた」という意味の**ters**から生まれた語です。

「乾いた」という意味では、同じ語源から、**thirsty**は「のどが渇いた」です。カリカリに焼いて水分がなくなったパンが**toast**（トースト）、同様に、**torrid**は「灼熱の」、**torrent**は燃え盛ってごう音を立てるイメージから「激流」などの意味になります。

乾杯の発声の言葉に**Cheers!**がありますが、**toast**にも「乾杯」や「乾杯の発声」の意味があります。諸説ありますが、辞典サイト**Merriam-Webster**によれば、ワインの底に溜まった沈殿物の苦みや酸味を消すために、スパイスで味付けをしたトーストの小片をワインに入れてから乾杯したという習慣に由来するそうです。英国の劇作家シェイクスピアの喜劇『**The Merry Wives of Windsor**（ウィンザーの陽気な女房たち）』にも、この習慣についての言及があります。

「大地」の意味では、**terrace**（テラス）は「段々畑」や「台地」、**territory**は「領土、領地」、その形容詞形**territorial**は「領土の」、**extraterritorial**は「領土の外へ（**extra**）」から「治外法権の」、**Mediterranean**は「大地の間（**medi**）」から「地中海」となります。

terrierは本来は「猟犬」で、土を掘る能力に優れ、巣穴にいるキツネやアナグマなどを捕まえる犬種の「テリア」、**terrestrial**は「陸上の、地球上の」、**extraterrestrial**は形容詞なら「地球外の」、名詞なら「宇宙人（＝**ET**）」です。

正解　②パン

Check!

（　　）にあてはまる英語を入れてみましょう。

1. This beer is (　　　)ed in Okinawa.
   このビールは沖縄で醸造される。

2. It was raining in (　　　)s.
   土砂降りの雨が降っていた。

3. Could you (　　　) this lobster?
   このロブスターを焼いていただけますか。

4. How often do pandas (　　　)?
   パンダはどれくらいの間隔で子を産みますか。

5. This island is a Japanese (　　　).
   この島は日本の領土です。

6. This is the oldest (　　　) in Hokkaido.
   ここは北海道で最も古い醸造所です。

Answer　1. brew　2. torrent　3. broil　4. breed　5. territory　6. brewery

23

Rhine / Rio de Janeiro

ライン／リオ・デ・ジャネイロ

問題

「リオ・デ・ジャネイロ」の語源と関係のあるものは次のどれでしょうか？

①川　②海　③湾　④湖

●ライン川

スイスアルプスを源流とするライン川は、リヒテンシュタイン、オーストリア、ドイツ、オランダを貫流して北海に流れ込む川です。**Rhine**（ライン）の語源は印欧祖語で「流れる、走る」という意味の**rei**にさかのぼり、「川」の**river**と同じ語源です。

古代文明はすべて川の周辺で発生していることからも明らかなように、作物の栽培など、水は人の暮らしには不可欠なもので、水や水源の確保は最も重要な問題でした。**rival**（ライバル）という単語は、川の水の使用権を競い合うことから生まれた単語です。**arrive**（到着する）は「**a(r)**（～のほうへ）＋**rive**（川岸）」が語源で、川の向こう側にたどり着くことから生まれた語です。名詞形の**arrival**は「到着」です。

deriveは「**de**（離れて）＋**rive**（川岸）」、つまり「川から流れ出る」から「由来する」や「引き出す」の意味になります。名詞形の**derivation**は「由来、起源」です。**river**は**run**（走る）とも同語源で、**runnel**や**runlet**には「小川」という意味があります。

●リオ・デ・ジャネイロ

「リオ・デ・ジャネイロ（**Rio de Janeiro**）」は南米ブラジルでサンパウロ（**Sao Paulo**）に次ぐ人口第２の都市です。略して「リオ（**Rio**）」と呼ばれます。リオ・デ・ジャネイロ州にはナポリ港、シドニー港と共に世界三大美港の一つに数えられる港があり、「グアナバラ湾」という大西洋に面した湾に位置しています。

リオ・デ・ジャネイロという地名は、1502年１月１日、最初にこの地に到達したポルトガ

ル人探検隊がグアナバラ湾を「川」と誤って、「１月の川」という意味のポルトガル語「リオ・デ・ジャネイロ（**Rio de Janeiro**）」と名付けたことに由来します。「ジャネイロ（**Janeiro**）」は英語の**January**（１月）と同語源です。**January**は、ローマ神話で、出入口の守護神である**Janus**（ヤヌス）に捧げられた月に由来します。彼は前後両方を向いた顔を持ち、内と外を同時に見ることができることから過去と未来の両方を見通すことができる神でもありました。入口の神であることから、1年の始まりの1月の守護神になりました。

　ヨーロッパの大航海時代に探検隊を指揮していたイタリア人の「アメリゴ・ベスプッチ（**Amerigo Vespucci**）」はポルトガル王の援助によって２度航海を行い、南米大陸を南下して大陸であることを証明しました。**America**（アメリカ）はアメリゴ・ベスプッチの名前に由来します。

「リオ」と言えば「カーニバル（**carnival**）」が有名で、**carnival**は「謝肉祭」と訳されます。カトリックの国では、「四旬節（**Lent**）」という期間があり、キリストの復活を祝う「イースター（**Easter**）」の前日までの40日間は肉食を断ち、祈りや懺悔を行います。この四旬節直前３日間に肉を食べて楽しく過ごす祝祭が「カーニバル（**carnival**）」です。

　ラテン語で**caro**は「肉」のことで、**carnivorous**は「肉食の」、**carnivore**は「肉食性の哺乳類」、**incarnation**は「肉体化、権化」、**reincarnation**は「輪

廻、化身」です。

(正解) ①川

Check!

(　　)にあてはまる英語を入れてみましょう。

1. When did you (　　　) in Tokyo?
   いつ東京に着きましたか。

2. Many English words (　　　) from Latin.
   ラテン語由来の単語はたくさんある。

3. There is a (　　　) in town.
   街でカーニバルがあります。

4. This is a (　　　) plant.
   これは食虫食物です。

5. I beat my (　　　).
   私はライバルに勝ちました。

6. She is the very (　　　) of grace.
   彼女はまさに優美さの権化です。

Answer 1. arrive　2. derive　3. carnival　4. carnivorous
5. rival　6. incarnation

24

Argentina

アルゼンチン

問題

「アルゼンチン」の語源と関係のあるものは次のどれでしょうか？

①鉛　②銅　③金　④銀

●アルゼンチン

南米「アルゼンチン」は英語では、**Argentina**（「アージェンティーナ」と発音）、「アルゼンチンの」や「アルゼンチン人」は**Argentine**（「アージェンティーン」と発音）とつづります。首都のブエノスアイレス（**Buenos Aires**）は英語で「ブエイナス・アイアリズ」と発音します。

語源はスペイン語で「**buenos**（良い）＋**aires**（空気、風）」の意味です。アルゼンチンは独立当初はスペイン語で「**Río de la Plata**＝銀の川」と呼ばれていました。スペインの征服者たちが、銀の飾りを身につけていた先住民を見て、川の上流に銀の鉱脈があると考えたことから名付けられたものです。

のちに、**Rio de la Plata**（銀の川）という名称は、ラテン語で「銀」を表す**argentum**から**Argentina**や**Argentine**という名称で表されるようになります。小文字で**argentine**なら、形容詞で「銀の、銀白の」、名詞で「銀」や「銀色金属」となり、「銀」の元素記号が**Ag**です。これらは印欧祖語で「白い、輝く」という意味の**arg**にさかのぼることができます。

「討論する」や「口論する」という意味の**argue**も同語源で、ラテン語の**arguere**（はっきりさせる、証明する）が古フランス語を経て英語に入りました。物事の白黒を明確にするには、しばしば相手の言うことも聞かずに一方的に自分の考えを述べるという含みを伴います。**argue**の名詞形は最後の**e**が取れて、**argument**（口論、議論）となるので要注意です。

Buenos Airesの前半部分の**buenos**は、ラテン語由来で「良いもの」という意味の**bonus**（ボーナス）と同じ語源で、**beauty**（美、美人）や**beautiful**（美しい）の基になっています。その他、**benefit**（利益、恩恵）、**benevolent**（慈悲深い）、**benign**（良性の、温和な）、

benefactor（恩人）、**benediction**（祝福）なども同語源です。

●アルゴス

ギリシャ神話に登場する、「百眼の巨人」アルゴス（**Argus**）は「ギラギラと光る目」に由来し、英語では「鋭い目を持った見張り人」の意味に使われ、**argus-eyed**なら形容詞で「油断のない」です。ゼウスは正妻のヘラを欺くために、不倫相手の娘イオを牝牛に変えますが、嫉妬深いヘラはアルゴスにイオを見張らせます。

あるとき、ゼウスの命を受けた伝令の神ヘルメスはイオを取り戻すためにアルゴスを殺害してしまいます。ヘラは彼の死を悼み、その百の目を取って自分が飼っていたクジャク（**peacock**）の尾羽に飾ったと言われています。

●アルゴー船

アルゴスは船大工としても知られ、アルゴー船（**the Argo**）を造りました。ギリシャ神話の英雄イアソンは、このアルゴー船に乗ってコルキスの「金の羊毛」を獲得したと言われています。

Argonautは「**Argo**（アルゴー船）＋**naut**（船員）」から「アルゴー船の一行」、**aquanaut**なら「**aqua**（水）

の船員」から「潜水作業員」です。また、**astronaut** は「**astro**（星）の船員」から米国の「宇宙飛行士」に、**cosmonaut** は「**cosmo**（宇宙）の船員」からロシアの「宇宙飛行士」の意味になります。

正解　④銀

Check!

(　　)にあてはまる英語を入れてみましょう。

1. His dream is to be an (　　　).
   彼の夢は宇宙飛行士になることだ。

2. She was a (　　　) when she was young.
   彼女は若い頃、美人だった。

3. They are always (　　　)ing with each other.
   彼らはいつもお互いに言い争っている。

4. This card is of great (　　　) to customers.
   このカードは客にとって非常に利益となる。

5. He was always (　　　) to everyone.
   彼は誰に対しても常に慈悲深かった。

6. The cancer was (　　　).
   そのガンは良性だった。

Answer　1. astronaut　2. beauty　3. argu　4. benefit
5. benevolent　6. benign

25

Ecuador

エクアドル

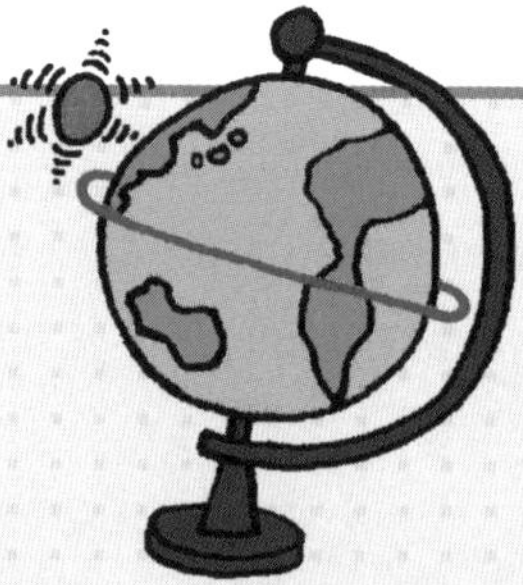

問題

「エクアドル」の語源と関係のあるものは次のどれでしょうか？

①赤道　②緯度　③太陽　④地球

●エクアドル

　南米大陸北西部にあり、赤道直下に位置する国「エクアドル（**Ecuador**）」の語源はスペイン語の「赤道」で、英語の**equator**にあたる語です。

　国土の中央にアンデス山脈（**the Andes**）が縦断しているために標高が高く、首都の「キト（**Quito**）」（「キートウ」と発音）は標高2,800メートルの位置にあります。アンデス山脈の**Andes**は先住民の言語ケチュア語で「高い山頂」が語源です。

英語の**equator**（赤道）はラテン語で「等しくする」という意味の**aequare**に由来し、**equ(i)**で「等しい」という意味を含む語を作り出します。**equal**は「等しい、対応できる」、名詞形**equality**は「平等」、動詞形**equate**は「等しくする」です。**equal**と**equality**のそれぞれの反意語は、**unequal**（不平等の）と**inequality**（不平等）です。また、もう一つの名詞形**equation**は左右が等しくなることから「方程式」、**equivocal**は「声（**vocal**）が同じの」から「あいまいな、はっきりしない」、**equivalent**は「価値（**value**）が同じの」から「同等の」、**equidistant**は「距離（**distance**）が同じ」から「等距離の」などの意味になります。

赤道の全周長は約４万キロで、春分の日と秋分の日の年２回、太陽が真上に来ます。「春分」は、**vernal equinox**、「秋分」は**autumnal equinox**です。**equinox**はラテン語の「**equi**（等しい）＋**nox**（夜）」が語源で、昼と夜の長さが同じになることに由来します。**equinox**の形容詞形**equinoctial**は「春分（秋分）の、昼夜平分時の」です。

●ニュクス

ギリシャ神話で「夜の女神」は「ニュクス（**Nyx**）」で、

宇宙の生みの親である「カオス（**Chaos**）」の娘です。ニュクスは兄の暗黒の神であるエレボスと交わって、昼の女神へメラを産みます。ニュクスは娘のへメラと表裏一体で、西の果ての宮殿に暮らしていました。ニュクスが世界を巡って夜をもたらしている間、ヘメラは宮殿に待機し、ニュクスが戻ってくると、すぐに昼をもたらします。ローマ神話の「ノクス（**Nox**）」に相当しますが、これらは印欧祖語の**nekwt**（夜）が語源です。

nekwtはゲルマン語経由で**night**（夜）の形で英語に借入され、**midnight**（深夜12時）、**nightfall**（夕暮れ）、**nightmare**（悪夢）、**nocturnal**（夜行性の）、**nocturne**（夜想曲）、**fortnight**（２週間）などの語を作り出しました。このうち最後の**fortnight**は、**fourteen nights**から生まれた語で、古代ゲルマン人が日数を数えるのに**night**を用いていたことに由来します。ここから、古代ゲルマン人は**day**（昼）よりも**night**（夜）を優先していたことがわかります。

さらに、近代看護法の創始者**Nightingale**（ナイチンゲール）の**N**を小文字にした**nightingale**は「夜に**gale**（鳴く）鳥」が語源で、春になると雄が美しい声で鳴くツグミ科の鳥のことです。**gale**は「叫ぶ」や「エールを送る」という意味の**yell**と同じ語源です。

正解 ①赤道

Check!

(　　)にあてはまる英語を入れてみましょう。

1. He is (　　　) to the task.
彼はその仕事に対応できる。

2. He gave me an (　　　) answer.
彼は私にあいまいな答えをした。

3. Your silence is (　　　) to an admission of guilt.
あなたの沈黙は罪を認めたことになります。

4. I had a (　　　) last night.
私は夕べ悪夢を見た。

5. Most bats are (　　　).
大部分のコウモリは夜行性だ。

6. You don't have to (　　　).
大声をあげる必要はない。

Answer 1. equal 2. equivocal 3. equivalent 4. nightmare 5. nocturnal 6. yell

26

Mont Blanc / Montenegro

モンブラン／モンテネグロ

問題

洋菓子の「モンブラン」と語源的に関係がないものが二つあります。次のどれとどれでしょうか？

①山　②栗　③雪　④白

●モンブラン

洋菓子の「モンブラン」は、栗を主原料にしたクリームを搾りながら生地の上面にかけ、山のような形にして作ったケーキで、語源は「白い山」です。フランスとイタリアの国境に位置する標高4807.8メートルのヨーロッパアルプス最高峰、「モンブラン」にちなむ名称です。

フランス語表記では**Mont Blanc**（モンブラン）で、イタリア語なら**Monte Bianco**（モンテビアンコ）です。カジノで有名な行楽地モナコの中心地区**Monte Carlo**（モンテカルロ）はイタリア語です。英語で表せば**Charles' Mountain**（チャールズの山）で、19世紀にモナコを統治したシャルル３世の名前に由来しています。米国の「モンタナ州（**Montana**）」の名称は、スペイン語で「山」を意味する**montaña**に由来します。

●モンテネグロ

「モンブラン」とは対照的に、**Montenegro**（モンテネグロ）は、「黒い（**negro**）山」が語源です。バルカン半島に位置し、「アドリア海の秘宝」と呼ばれる小さな国です。いわゆる世界の３大人種群と呼ばれるのが、黒色人種の**Negroid**（ネグロイド）、黄色人種の**Mongoloid**（モンゴロイド）、白色人種の**Caucasoid**（コーカソイド）です。最後のコーカソイドは、黒海とカスピ海の間にある「コーカサス地方」に由来します。「黒人」を**Negro**（ニーグロウ）と呼んでいた時期がありましたが、現在では歴史的文脈以外では**Black**や**African-American**が使われます。

●マウンテン

mountain（山）は、ラテン語の**montanus**が古フランス語の**montaigne**を経由して、英語に借入されたものです。さらにこの単語は、印欧祖語で「突き出る」

という意味の**men**にさかのぼることができます。

体で突き出た部分にあたる「口」の**mouth**も同じ語源です。**amount**は山頂へ「達する」、**dismount**は山から「降りる」、**paramount**は山から見える景色が「最高の」、**surmount**は山を越えて「克服する」となります。「突き出る」という意味では、**prominent**は前に突き出て「目立った」、**eminent**は外に突き出て「卓越した」、**imminent**は上に突き出て「切迫した」という意味になります。

white mountainを意味する「モンブラン（**Mont Blanc**）」の**Blanc**は「白紙の」や「空欄」の**blank**に相当し、**blanket**は「白くて小さいもの」から「毛布」です。その他、**bleach**は「漂白する」、**bland**は、白く色がないイメージから「薄味の」や「面白みのない」などの意味になります。これらの単語は印欧祖語で「(白く）燃える」という意味の**bhel**にさかのぼり、形は異なりますが、「炎」の**flame**、炎のような赤い羽をつけたフラミンゴ（**flamingo**）も同語源です。

フランス料理に使われる調理法の一つに「フランベ」があります。調理の最後にブランデーやラム酒などアルコール度数の高い酒を鉄板などにかけて、一気にアルコールを飛ばし、食材に香りを付ける調理法です。「フランベ（**flambe**）」は「燃え上がる」という意味のラテン語**flamma**が基になっています。

正解　②栗、③雪

Check!

(　　)にあてはまる英語を入れてみましょう。

1. Cyclists, please (　　　) at the gate.
   自転車に乗っている人は、門の所で降りてください。

2. I have to (　　　) the language barrier.
   言語の障壁を克服しなければならない。

3. She saved a large (　　　) of money.
   彼女は高額のお金を貯金した。

4. He played a (　　　) role in the organization.
   彼はその組織で目立った役割を果たした。

5. She was (　　　) for her paintings.
   彼女は絵画に卓越していた。

6. This soup tastes (　　　).
   このスープは味が薄い。

Answer　1. dismount　2. surmount　3. amount　4. prominent　5. eminent　6. bland

27

Florence / Florida

フローレンス／フロリダ

問題

「フィレンツェ」の語源と関係のある野菜は次のどれでしょうか？

①セロリ　②カリフラワー
③ブロッコリー　④レタス

●ルネサンス

「ルネサンス（**Renaissance**）」は14～16世紀、ギリシャとローマの古代文化を復興しようとイタリアを中心に展開された文化運動です。ラテン語の「**re**（再び）＋**nasci**（生まれる）＋**ance**（名詞語尾）」が語源です。

nativeは「その土地で生まれた（人）」、**natural**は「生

まれたままの」から「自然の」、名詞形**nature**は「自然」、**nation**は人が生まれた「国」や「国民」となります。その形容詞形**national**は「国家の」や「国民の」、**nationality**は生まれた国から「国籍」、**naive**は生まれたままの状態から「世間知らずの」や「無邪気な」の意味です。日本語の「ナイーブ」とはやや異なり、ネガティブなイメージの単語です。

女性の名前「ナタリー（**Natalie**）」の語源は「キリストの誕生日」で、かつてはキリスト教徒に人気のある名前でしたが、現在ではキリスト教徒以外の人たちにも付けられています。**Noel**（ノエル）もキリストの誕生日が語源で「クリスマスの季節」や「クリスマスを祝う歌」を表し、男性にも女性にも使われる名前です。

●フィレンツェ

ルネサンスの中心となったのがイタリア中部に位置する「フィレンツェ（**Firenze**）」です。英語表記は「フローレンス（**Florence**）」で、ラテン語で「花の都」という意味を持ち**flower**（花）と同じ語源です。

「花（**flower**）」は「小麦粉（**flour**）」と同語源で、17世紀までは**flour**とつづられていました。ローマ神話の「花」と「春」の女神が「フローラ（**Flora**）」で、小文字の

floraは「植物相」、**floral**は「花模様の」、**florist**は「花屋」です。**flourish**は花のように「栄える、繁茂する」の意味です。

米フロリダ（**Florida**）州は「花のような」の意味のスペイン語に由来し、この地がかつてスペイン領であったことを物語っています。

「カリフラワー（**cauliflower**）」はイタリア語由来で、「花が咲いたキャベツ」が語源です。ラテン語で「キャベツ」は**caulis**で、**coleslaw**（コールスロー）は細かく切ったキャベツをマヨネーズドレッシングで和えたサラダです。**slaw**はフランス語の**salade**がオランダ語で**sla**に変化し、18世紀末に**slaw**（サラダ用に細かく切ったキャベツ）の意味で英語に入ってきました。

これらの単語は、印欧祖語で「ふくれる」や「風が吹く、息を吐く」という意味の**bhel**にさかのぼり、**blow**は「風が吹く」です。観賞用の花は**flower**ですが、実がなる花は**blossom**で、動詞形**bloom**は「花が咲く」、**blood**は、ほとばしるイメージから「血液」、動詞形**bleed**は「出血する」です。

blessは生けにえの血液で祭壇を清めたことから「祝福する」です。稲や麦などの穀草の「葉」の**blade**も同語源で、葉のイメージからナイフや刀の「刃」の意味があります。

正解　②カリフラワー

Check!

(　　)にあてはまる英語を入れてみましょう。

1. It is (　　　) for you to get angry.
あなたが怒るのは当然です。

2. What is the (　　　) flower of your country?
あなたの国の国花は何ですか。

3. Bread is made from (　　　).
パンは小麦粉でできている。

4. Zen culture began to (　　　) in Kyoto during the 13th century.
禅の文化は13世紀に京都で栄えた。

5. This tea tastes of cherry (　　　)s.
この紅茶は桜の花の味がする。

6. What is your (　　　) type?
あなたの血液型は何ですか。

Answer 1. natural　2. national　3. flour　4. flourish
5. blossom　6. blood

28

Britain / England

ブリテン／イングランド

問題

「イングランド」の語源と関係のあるものは次のどれでしょうか？

①聖人　②釣り人　③旅人　④天使

●ブリテン

「英国」の正式名称は、**the United Kingdom of Great Britain and Northern Ireland**で、略して、**U.K.**と表記されます。**Great Britain**（大ブリテン島）は、**England**（イングランド）、**Scotland**（スコットランド）、**Wales**（ウエールズ）の３地域から構成されていて、

Britainという名称は「ブリトン人（**Britons**）」に由来します。

これは、英国が43年にローマ皇帝クラウディウスによってローマ帝国の属州とされ、ローマ人が先住民であるケルト人を「入れ墨をした民族が住む土地」という意味の**Britannia**（ブリタニア）と命名したことによります。やがて、ローマ帝国の衰退に伴い、ローマ軍がブリテン島から撤退するようになります。そして449年に、ゲルマン人の部族であるアングロ・サクソン人がブリテン島に侵入してきます。

●アングロ・サクソン

「アングロ・サクソン（**Anglo-Saxon**）」とは、**Angles**（アングル人）と**Saxons**（サクソン人）を組み合わせた言葉です。

アングル人は北ヨーロッパのユトランド半島の海岸沿いに住み、その地形が「釣り針（古英語で**angel**）」に似ていたことからそう呼ばれます。現在の**England**の名称は「アングル人（**Angles**）の住む土地（**land**）」の意味で、「英語（の）」を意味する**English**は「アングル人が話す言葉」が原義です。先住民のケルト人はアングロ・サクソン人によって西や北の隅に追い込まれ、その一部は海を渡って現在のフランス北西部の半島に移り住むことになります。この地方は現在でも「ブルターニュ（**Bretagne**）」と呼ばれています。

「サクソン人（**Saxons**）」は「ナイフを持った兵士」

が語源です。

普通名詞の**angle**は「角（度）」の意味で、角が三つなら**triangle**（三角形）、四つなら**quadrangle**（四角形）、**rectangle**は「**rect**（まっすぐな）＋**angle**（角）」から「長方形」です。**angle**は印欧祖語で「曲がる」という意味の**ang**や**ank**にさかのぼります。動詞の**angle**は釣り針を垂らしたイメージから「釣りをする」、**angler**は「釣り人」、**angleworm**は釣りのエサに使う虫から「ミミズ」です。

頭に突き出た曲がったさおに似た疑似餌で魚をおびき寄せ、捕食する深海魚の「チョウチンアンコウ」が**anglerfish**です。**ankle**は「足首」、**anklet**は「足首の飾り」、**anchor**は曲がっているイメージの「錨」となります。米アラスカ州南部にある港湾都市アンカレッジ（**Anchorage**）の**A**を小文字にした**anchorage**は錨を降ろす行為から「停泊地」の意味です。また、**anchor**にはリレーの「最終走者」や「頼みの綱」の意味もあり、取材してきたニュース素材をもとに、最終的にまとめて仕上げる人が**anchorman**（ニュースキャスター）です。

正解　②釣り人

Check!

(　　)にあてはまる英語を入れてみましょう。

1. Draw a right (　　　).
直角三角形を描きなさい。

2. From this (　　　), it looks like a snake.
この角度から見ると、それはヘビのように見える。

3. The ship is at (　　　).
その船は停泊中です。

4. There are many (　　　)s along the river.
川沿いにたくさんの釣り人がいる。

5. He is a famous (　　　).
彼は有名なニュースキャスターです。

6. The area of a (　　　) is its height times its width.
長方形の面積は縦×横の長さです。

Answer 1. triangle　2. angle　3. anchor　4. angler　5. anchorman　6. rectangle

29

Denmark / Copenhagen

デンマーク／コペンハーゲン

問題

「コペンハーゲン」の語源と関係のあるものは次のどれでしょうか？

①川　②港　③陸　④半島

●デンマーク

English（英語）や**England**（イングランド）の語源になったアングル人（**Angles**）は現在の北ヨーロッパのユトランド半島の海岸沿いに住み、その地形が「釣り針（古英語で**angel**）」に似ていたことにその名が由来するという話を前項で紹介しました。このユトランド半島にある国が「デンマーク（**Denmark**）」です。

Denmarkの語源は「**Dane**（デーン人）＋**mark**（境界の印）」、つまりデーン人が印した境界線です。デーン人はバイキングとして８世紀にブリテン島に侵入し、破壊や略奪を繰り返していた民族でした。**Dane**は現在でも「デンマーク人」、**Danish**は「デンマーク（人）の」の意味で使われます。パイ風の菓子パンであるデニッシュパンは、「デンマークのパン」のことで、英語では、**Danish pastry**（デニッシュペストリー）と言います。また、米コロラド州の州都「デンバー（**Denver**）」は、人の名字にも使われ、古英語で「デーン人が渡った道」に由来します。

Denmarkの**mark**は名詞なら「跡、記号、点、的」など印になるもの、動詞なら「印を付ける、示す、採点する」です。**marker**は印すものから「目印、標識」で、**marker pen**なら「マジックペン、マーカー」、**landmark**は高い建物のような「目印となるもの」です。**remark**は自分の考えをハッキリ示すことから「意見」や「言葉」、**remarkable**は明確に示すことができるから「顕著な」です。

margin（マージン）は目印となる境界よりも少し手前の部分から「余白」となり、借りたお金の金利よりも高い金利で貸し出した場合に得られる余った部分の利益、つまり「利ざや」の意味もあります。

●コペンハーゲン

デンマークの首都コペンハーゲン（**Copenhagen**）は、ユトランド半島とスウェーデンの間にあるシェラン島にあります。「**chapman**（行商人）＋**haven**（港、避難所）」が語源で、デンマーク語の「商人の港」に由来します。

大文字で**Chapman**と表記すると名字の「チャップマン」になり、**chap**は「安い」の**cheap**と同語源で「安く買う商人」が原義です。「租税回避地」を意味する「タックスヘイブン（**tax haven**）」の**haven**の語源は**have**（持つ）と同じで、船をつかむところから「港」の意味になります。

haveや**haven**の語源は、印欧祖語で「つかむ」という意味の**kap**にさかのぼります。**catch**（捕まえる）、**chase**（追跡する）、**purchase**（購入する、購入）、**capture**（捕虜にする）、**captive**（捕虜になった）、**captivate**（魅了する）、**capable**（有能な）、**capacity**（収容人数、能力）、**caption**（見出し、字幕）なども同系語です。

（正解）②港

Check!

(　　)にあてはまる英語を入れてみましょう。

1. Are there any (　　　)s near your office?
   あなたの会社の近くに目印になるのものはありますか。

2. I'm interested in (　　　) history.
   私はデンマークの歴史に興味があります。

3. You should ignore his rude (　　　)s.
   彼の無礼な言葉は無視したほうがいいでしょう。

4. You have to show your receipt as proof of (　　　).
   購入した証拠としてレシートを見せなければいけません。

5. He's always (　　　)ing girls.
   彼はいつも女の子の尻を追いかけまわしている。

6. He doesn't have the (　　　) to become President.
   彼には大統領になる能力がない。

Answer 1. landmark　2. Danish　3. remark　4. purchase　5. chas　6. capacity

30

Granada / Alhambra

グラナダ／アルハンブラ

問題

「グラナダ」の語源と関係のある果物は次のどれでしょうか？

①ザクロ　②ナシ　③バナナ　④レモン

●アンダルシア

スペイン南部のアンダルシア地方には、かつてイスラムが支配していた時代の文化を伝える史跡が多く残っていて、グラナダもその一都市です。市の南東の丘の上には「アルハンブラ宮殿」がそびえています。

5世紀頃、ゲルマン人の一部族であるバンダル族

（**Vandals**）は、イベリア半島全域を支配していました。アンダルシア（**Andalucia**）は「バンダル人の国」を意味する**Vandalicia**に由来します。

その後、バンダル人はローマを略奪し、西ローマ帝国の滅亡を早めたことから、**vandal**は名詞で「心なき破壊者」、形容詞で「野蛮な」、**vandalism**は「芸術作品や公共物の破壊」、**vandalize**は「（芸術作品や公共物を）破壊する」など不名誉な単語として使われています。

●グラナダ

グラナダ（**Granada**）は、スペイン語で「ザクロ」の意味に由来する都市で、町のあちこちにザクロのオブジェを見ることができます。また、スペインの国章の一番下にもザクロの実と葉が描かれています。

ラテン語のザクロ（**granatum**）は英語では**pomegranate**です。これを分解すると「**pome**（リンゴ、果物）＋**grenate**（種子を持った）」で、「種子を持った果物」が原義です。後半の**grenate**は英語の**grain**（穀物、粒）の基になっています。**granule**（グラニュール）は「小粒、顆粒」、形容詞形**granular**は「粒子状の、ざらざらしている」、動詞形**granulate**は「粒状にする」、**granger**は穀物を扱う人から「農夫」、**garner**は「穀物倉庫」となります。

さらに、1月の誕生石の**garnet**（ガーネット）は「ザクロ石」で、「御影石」とも呼ばれる「花こう岩」の**granite**は見た目が穀物や種子に似ていることに由来します。「ポモナ(**Pomona**)」はローマ神話に登場する「果樹や果実の女神」で、「もぎ取られた」という意味の**po-emo**に由来します。整髪料の「ポマード(**pomade**)」は、リンゴや果物で香りを付けた軟膏が原義です。

●アルハンブラ

アルハンブラは、アラビア語の影響を受けてできたスペイン語で「赤い城」という意味の**Alhambra**と表記しますが、スペイン語では**H**は発音しないので「アランブラ」と読みます。

英語の定冠詞の**the**に相当するのがアラビア語の**al**で、**alcohol**(アルコール)、**algebra**(代数)、**alchemy**(錬金術)などはアラビア語由来の単語です。宮殿内部にはアラベスク(**arabesque**)模様の装飾が壁や天井に施されています。**arabesque**とは「アラビア風の」という意味で、イスラム美術の幾何学的な装飾文様に由来します。

アラビア語由来の英単語は結構たくさんあります。飲み物や食べ物だけでも、**orange**(オレンジ)、**lime**(ライム)、**lemon**(レモン)、**coffee**(コーヒー)、**cafe**(カフェ)、**candy**(キャンディー)、**apricot**(アンズ)、**sherbet**(シャーベット)、**syrup**(シロップ)などがあります。

正解 ①ザクロ

Check!

(　　)にあてはまる英語を入れてみましょう。

1. (　　　) is one of the main exports of this country.
   穀物はこの国の主な輸出品の一つです。

2. This drink is (　　　)-free.
   この飲み物はアルコールフリーです。

3. I’m not good at (　　　).
   代数は得意ではありません。

4. (　　　) is the ancient practice of trying to turn lead into gold.
   錬金術は鉛を金に変えようとする古代の習慣だ。

5. The walls are (　　　)ed with graffiti.
   壁はすべて落書きで破壊されている。

6. The birthstone of January is the (　　　).
   1月の誕生石はガーネットです。

Answer 1. Grain　2. alcohol　3. algebra　4. Alchemy　5. vandaliz　6. garnet

31

Sacromonte

サクロモンテ

問題

「サクロモンテの丘」の語源と関係のある言葉は次のどれでしょうか？

①幸福な　②純粋な　③神聖な　④平和な

●ジプシー

スペインのフラメンコの起源は、グラナダにあるサクロモンテ地区の洞窟にあると言われています。流浪の民であるロマ族は様々な迫害を受けながら、この地にたどり着き、丘の斜面に洞窟を掘って、そこで暮らしていました。現地のアラブ系の文化と融合しながら独自の文化を築き上げましたが、彼らの苦しみや悲しみを歌と踊りで表現したものがフラメンコの原型だと言われています。

観光客はサクロモンテの丘にある洞窟でフラメンコを鑑賞することができます。かつて、彼らはジプシー（**Gypsy**）と呼ばれていましたが、この言葉には差別的なイメージがつきまとうことから現在では**Roma**（ロマ）や**Rom**（ロム）、**Romany**（ロマニー）とするのが一般的です。**Gypsy**は、**Egyptian**（エジプト人）の**E**が消失してできた言葉で、かつてフランスに来た流浪の民が迫害を避けるためにエジプト出身であると伝えたことに由来します。

●サクロモンテ

「サクロモンテ（**Sacromonte**）」はイタリア語で「**sacro**（聖なる）＋**monte**（山）」が語源ですが、**monte**の「山」は108ページ～で紹介しましたので、今回は前半の**sacro**に焦点を当てます。**sacred**は形容詞で「神聖な、聖なる」、**saint**は名詞で「聖人」です。

sacramentは、キリストによって定められた神の恩恵を信徒に与える儀式のことで、カトリック教会では「秘跡」、プロテスタント教会では「聖礼典」と呼ばれます。

「サンタクロース（**Santa Claus**）」は、4世紀に東ローマ帝国の小アジアに実在したカトリック教会司教の「セント・ニコラウス（**Saint Nicholas**）」がなまった名称です。彼は子ども好きで、特に親のいない子どもたちの救世主でした。あるとき、貧しい家庭に3人姉妹がいて、彼女たちが身売りをしなければならないことを知り、家の煙突から金貨3枚を投げ入れます。するとその金貨は暖炉にかけてあった靴下の中に落ち、この金貨のお陰で身売りを免れることになりました。この逸話からニコラスは子どもの守護神としてヨーロッパ中に伝わり、その後、中世においても、彼の命日の12月6日に大人たちが聖ニコラスに扮して子どもたちにプレゼントを贈る習慣が広まっていきました。17世紀にオランダ人が米国に入植した際に、この習慣を持ち込んだのがサンタクロースの起源とされます。

sacrificeは「**sacri**（聖なる）＋**fice**（する）」が語源で、聖なる神に捧げるいけにえから「犠牲（にする）」となります。原始宗教では、祭壇にヒツジやヤギなどがいけにえとして捧げられ、血が注がれます。旧約聖書でも、大洪水のあとにノアは感謝の印として神に動物のいけにえを捧げたと記されています。

sanctuary（聖域、保護区）は「神聖な場所」が原義です。**sanction**は、神が与える「制裁、承認」です。

●フラメンコ

flamencoの語源は諸説ありますが、「炎のような色に輝いた」という意味を持つ「フラミンゴ（**flamingo**）」と同語源で、ダンサーたちが情熱的で鮮やかな色の衣装を着ていたことに由来するという説が有力です。

flammableは「燃やせる」から「可燃性の」、

nonflammableは「燃やせない」から「不燃性の」の意味になります。**inflame**は「心の中を燃やす」から「かき立てる、興奮させる」で、名詞形**inflammation**は体の中の一部が燃えることから「炎症」の意味です。

正解　③神聖な

Check!

(　　)にあてはまる英語を入れてみましょう。

1. He was opposed to lifting the (　　　).
   彼は制裁解除に反対した。

2. This is a (　　　) area for the native Americans.
   ここは米国先住民にとって神聖な地域である。

3. She (　　　)ed herself for the sake of the poor.
   彼女は貧しい人々のために自己を犠牲にした。

4. The audience was (　　　)ed by his speech.
   聴衆は彼の演説に興奮した。

5. What causes (　　　) of the liver?
   肝炎の原因は何でしょうか。

6. The park is the largest wildlife (　　　) in America.
   その公園はアメリカで一番大きい野生生物保護区である。

Answer　1. sanction　2. sacred　3. sacrific　4. inflam　5. inflammation　6. sanctuary

32

Costa del Sol

コスタ・デル・ソル

問題

「コスタ・デル・ソル」の語源と関係のあるものは次のどれでしょうか？

①爪　②頭　③心臓　④骨

●コスタ・デル・ソル

　スペイン南部、アンダルシア地方の港湾都市マラガ（**Malaga**）を中心とする地中海に面する地域は、「コスタ・デル・ソル（**Costa del Sol**）」と呼ばれます。意味はスペイン語で「太陽の海岸」です。マラガはピカソの生誕地としても有名で、年間を通して晴れの日が多く、特に夏の６～9月にかけては雨はほとんど降ることがありません。スペインの観光産業にとって最も重要な地域です。

スペイン語の**costa**（海岸）は英語では**coast**ですが、ラテン語で「あばら骨」の**costa**に由来し、海岸線をあばら骨になぞらえて生まれた語です。「中米の楽園」とも呼ばれる「コスタリカ（**Costa Rica**）」はかつてスペイン領で、その名は「豊かな海岸（**rich coast**）」に由来します。

ちなみに、「プエルトリコ（**Puerto Rico**）」もかつては同じくスペイン領で、こちらの語源は「豊かな港（**rich port**）」です。スペイン語ではすべての名詞が男性名詞と女性名詞に分けられます。「海岸」は女性名詞で語尾に**a**が付き、「港」は男性名詞で語尾に**o**が付きます。たとえば、**Roberta**（ロベルタ）や**Maria**（マリア）は女性名、**Roberto**（ロベルト）や**Mario**（マリオ）は男性名になります。

「海岸」は**shore**とも言いますが、**shore**が海側から見た陸をイメージするのに対して、**coast**は陸地から見た海岸線に焦点が当てられるという違いがあります。

ラテン語の**costa**は印欧祖語で「骨」を意味する**ost**にさかのぼることができます。難語ですが、**ossify**は「骨化する」、**osseous**は「骨のある」、**osteopathy**は「整骨療法」、**osteoporosis**は「骨粗しょう症」の意味です。

●陶片追放

oyster（カキ）も同じ語源で、殻が骨のように堅いことに由来します。古代ギリシャのアテネで行われていた「陶片追放（**ostracism**）」に関係がある語です。非合法的な手段で権力を握り、独裁的な政治を行う僭主になる恐れのある者の名前を、市民が**ostrakon**（オストラコン）と呼ばれる土器や陶器の破片に書いて投票したことに由来します。投票総数が6000に達した者は10年間アテネから追放されることになっていて、実際には12人が追放されたと言われています。時にカキの貝殻も使われていたことから、日本では「貝殻追放」とも訳されていた時期がありました。

「コスタ・デル・ソル（**Costa del Sol**）」の**sol**の語源は「太陽（**sun**）」です。**solar**は「太陽の」、**sunny**は「晴れの」、**Sunday**は太陽の日から「日曜日」となり、**south**（南）や**southern**（南の）も太陽から生まれた語です。「パラソル（**parasol**）」は「太陽から守るためのもの」が原義で、**solarium**は「**solar**（太陽の）＋**ium**（場所）」から「日焼けサロン」や「サンルーム」に、**insolation**は太陽の中にさらされることから「日射病」です。日光から目を守るための「サンバイザー（**sun visor**）」は「太陽を見るもの」が原義です。

正解　④骨

Check!

(　　)にあてはまる英語を入れてみましょう。

1. Andalusia is in (　　　) Spain.
アンダルシアは南スペインにあります。

2. What is the farthest planet in the (　　　) system?
太陽系で一番遠い惑星は何ですか。

3. We enjoyed driving along the (　　　).
私たちは海岸沿いのドライブを楽しんだ。

4. The waves were beating against the (　　　).
波が海岸に打ちつけていた。

5. We had a (　　　) day today.
今日は晴れの日でした。

6. There's a fitness room, sauna and a (　　　).
フィットネスルーム、サウナ、日焼けサロンがあります。

Answer　1. southern　2. solar　3. coast　4. shore
5. sunny　6. solarium

33

Austria / Australia

オーストリア／オーストラリア

問題

「オーストラリア」の語源と関係のあるものは次のどれでしょうか？

①海　②島　③南　④大陸

オーストラリア

オーストラリアがヨーロッパの人たちに知られるようになったのは、オランダの探検家アベル・タスマン（**Abel Tasman**）が1644年の航海でオーストラリアに渡った際に、ラテン語で**Nova Hollandia**（新しいオランダ）と名付けたことによります。

以来２世紀の間、英語では「新しいオランダ」の意味で、**New Holland**（ニューホランド）と呼ばれてきましたが、その後、1824年にラテン語で「南の大地」を表す**Terra Australis**から**Australia**（オーストラリア）と呼ばれるようになり、今日に至ります。**Australia**の語尾の**ia**は国名を表しているので、「南の国」が語源です。小文字の**austral**は形容詞で「南の、南方からの」です。

●アウストラロピテクス

化石人類の中で最も古い「猿人」で、1924年に南アフリカで発見された化石にちなんで名付けられた「アウストラロピテクス（**Australopithecus**）」は、ラテン語の**australis**（南の）とギリシャ語の**pithekos**（猿）の合成語で、「南の猿」に由来します。

二足歩行で直立して歩く能力を持ち、約400万～200万年前に生存していたと考えられています。「ピテカントロプス（**Pithecanthropus**）」はギリシャ語で「**pithekos**（猿）＋**anthropos**（人類）」が語源です。**anthropology**は「人類学」です。

●オーストリア

オーストリア（**Austria**）はアルプス山脈が国土の約３分の２を占める山国で、美しい湖が多いことで知られています。公用語はドイツ語ですが、古いドイツ語で「**ostar**（東の）＋**richi**（領土）」、つまりドイツから見て「東の領土」が国名の由来です。オーストリアのドイツ語名は「東の王国」を意味する**Österreich**です。

以上のように、**Australia**はラテン語で「南の国」、**Austria**はドイツ語で「東の国」と、一見すると語源は異なるように思われますが、じつは根っ子の部分でつながっていて、どちらも印欧祖語で「輝く」という意味の**aus**にさかのぼることができます。太陽が昇る「東の方向」の**east**も光り輝く**aus**が語源です。

オーストリアの首都「ウィーン」はドイツ語で**Wien**です。英語では**Vienna**で、「ビエーナ」と発音します。ウインナソーセージ（**Vienna sausage**）や、ふんわりと泡立てたクリームをトッピングしたウインナコーヒー（**Vienna coffee**）が有名です。

これに合うケーキが「ザッハトルテ（**Sachertorte**）」で、名称は「料理人のザッハさんが作ったトルテ」に由来します。「トルテ」＝**torte**（「トート」と発音）はスポンジ生地にジャムやクリームをはさんだドイツの菓子、「タルト」＝**tart**（「タート」と発音）はタルト生地にフルーツを盛りつけたフランスの菓子です。**tart**はラテン語で「ねじって丸くしたもの」に由来し、印欧祖語で「ねじる、ひねる」という意味の**terkw**にさかのぼります。「松明」の「トーチ（**torch**）」は「ひねられたもの」、**torture**は「ひねる行為」から「拷問（にかける）、苦痛（を与える）」、**torment**は「苦痛（の種）、ひどく苦しめる」、

distortは「**dis**（離して）＋**tort**（ねじる）」から「ゆがめる」、**extort**は「ねじりだす」から「ゆすり取る」となります。また、「リクガメ」の**tortoise**も、ねじれている足に由来します。

正解　③南

Check!

(　　)にあてはまる英語を入れてみましょう。

1. The hostage was (　　　)ed to death.
   その人質は拷問にかけられて死んだ。
2. She is an expert in (　　　).
   彼女は人類学の専門家だ。
3. The (　　　) has been carried across water.
   松明は川の向こう側から運ばれた。
4. (　　　)s lay eggs on the ground.
   リクガメは地面に産卵する。
5. The mosquitoes were a constant (　　　).
   蚊は常に悩みの種だった。
6. He was arrested for (　　　)ing money from a girl.
   彼は少女からお金をゆすり取ったことで逮捕された。

Answer　1. tortur　2. anthropology　3. torch　4. Tortoise　5. torment　6. extort

34

Omega

オメガ

問題

「オメガ」の語源と関係のある言葉は次のどれでしょうか？

①正確な　②大きい　③小さい　④豊かな

●アルファベット

スイスを代表する高級時計メーカーの「オメガ（**Omega**）」は、ギリシャ文字の最後の「オメガ（Ω）」に由来します。Ωは「すべての物事の最後」の意味から、「完全」「達成」「究極」などの意味を持つ文字です。ギリシャ文字は24文字から構成されていて、英語の**O**の発音に相当する文字が二つあります。一つはギリシャ文字15番目の「オミクロン（**omicron**）」の**O**、もう一つは最後24番目の「オメガ（**omega**）」の**O**です。

語源はそれぞれ「小さい（**micron**）＋**O**」と「大きい（**mega**）＋**O**」で、ここから古代ギリシャ語では、**O**は短音の「オ」、Ωは長音の「オー」と発音し、区別していたことがわかります。現代ギリシャ語では、文字の違いだけで、**O**（オミクロン）とΩ（オメガ）には発音上の違いはなく、どちらも同じ「オ」と発音するそうです。

新型コロナウィルス**COVID**-19の変異株は2020年終わり頃に英国由来のアルファ株から始まり、22年前半にはオミクロン株が大流行しました。ちなみに、英語の「**alphabet**（アルファベット）」はギリシャ文字の**alpha**（アルファ）と**beta**（ベータ）を組み合わせて作られた単語です。

●オメガ

オメガ（**omega**）の**mega**は、ギリシャ語で「大きい」のほかに「偉大な」「高い」「力強い」「重要な」という意味を持つ**megas**に由来します。「目がビッグ」にかけた「メガビッグ（**MEGA BIG**）」という宝くじのキャッチコピーは、もちろん和製英語ですが、「超ヒット作」の**megahit**や「拡声器」の**megaphone**は立派な英語です。

そのほか、**megalo**も「大きな」という意味で、

megalopolis（メガロポリス）は「超巨大都市」、**megalosaurus**（メガロサウルス）は二足歩行の大型肉食恐竜のことです。ちなみに「恐竜」の**dinosaur**（「ダイナソー」と発音）の語源は、「**dire**（恐ろしい）＋**saurus**（トカゲ）」です。さらに、大きさや重さの単位を表す**megaton**（メガトン）は「100万トン」、**megawatt**（メガワット）は「100万ワット」、**megabit**（メガビット）は「100万ビット」です。

このうち、最後の**bit**は「少量、少しの」ですが、語源は「嚙（か）みとられた部分」です。同系語の**bite**は「嚙む」、**bitter**は歯を嚙むほど味が「苦い」や「激しい」、**bait**は魚が嚙みつく「エサ」、**beetle**は嚙む虫からカブトムシやクワガタムシなどの「甲虫」などを表します。**abet**は、エサをちらつかせて、犯罪を「ほう助する」となります。

英国リバプール出身のロックバンド・ビートルズ（**The Beatles**）は、「カブト虫」の**beetle**と「拍子」の**beat**をかけ合わせて作った造語です。**beat**は、「続けざまに打つ」が原義で、「打ち負かす、叩く」などの意味があります。**beat**の活用形は、**beat - beat - beaten**で、原形と過去形が同形で過去分詞が異なるパターンの動詞はこれ以外にありません。相手の頭に頭をぶつけるボクシングの反則「バッティング」は、**butting**とつづり、

beatと同じ語源です。**butt**は「頭突きをする」という意味の動詞です。

(正解) ②大きい

Check!

(　　)にあてはまる英語を入れてみましょう。

1. When it comes to tennis, no one can
   (　　) her.
   テニスのことになると彼女に勝てる者はいない。

2. Good medicine tastes (　　).
   良薬は口に苦し。

3. He (　　)ed me in the theft.
   彼は私をそそのかして窃盗をさせた。

4. A barking dog seldom (　　)s.
   吠える犬はめったに噛まない。

5. I’m a little (　　) tired.
   私はちょっと疲れています。

6. The fish won’t take the (　　).
   魚はエサを食おうとしない。

Answer 1. beat　2. bitter　3. abett　4. bite　5. bit　6. bait

35

Brussels

ブリュッセル

問題

「ブリュッセル」の語源と関係がない英単語は次のどれでしょうか？

① color（色）　② hell（地獄）
③ sell（売る）　④ cell（細胞）

●ベルギー

1830年にネーデルラント連合王国から独立したベルギー（**Belgium**）は、国境を接するフランス・オランダ・ドイツの３カ国語が公用語です。イタリック語派に属するフランス語と、ゲルマン語派に属するオランダ語やドイツ語が話される珍しい国です。

同じベルギー人でも住む地域によって使う言葉が異なり、首都のブリュッセル（**Brussels**）ではフランス語とオランダ語の２言語が用いられます。**Brussels**という地名ははゲルマン語の「**brocca**（沼地、湿地）」とラテン語の「**cella**（建物、部屋）」に由来し、「中州に建てられた要塞都市」が原義です。英語の**cell**は「独房、細胞、電池」などの意味を持つ多義語です。ラテン語の**cella**から生まれた語で、印欧祖語の**kel**（隠す、覆う）に由来します。

●セル

cellの形容詞は**cellular**（細胞の）です。「携帯電話」は**cellular phone**（略して**cell phone**）で、地図上で無線ネットワークの中継局の電波の及ぶ範囲を描くと細胞のように見えることに由来します。

ceilingは部屋を覆う「天井」、**cellar**は周囲を覆われたイメージの「地下貯蔵庫」、**conceal**は完全に覆うから「隠す、秘密にする」です。また、名詞形の**concealer**（コンシーラー）は顔のシミを覆い隠すもの、**color**は何かに着色してそれを「覆い隠すもの」から「色」の意味になります。

印欧祖語の**k**の子音はゲルマン語経由では**h**の子音に変化して英語に借入されました。「地獄」の**hell**は、まさに暗く覆われたイメージそのものですが、このほか「（玄関の）広間」や「集会所」の「ホール（**hall**）」、頭を覆い隠す「ヘルメット（**helmet**）」、隠れたところにある

「穴（**hole**）」、穴の空いた「空洞の（**hollow**）」、ピストルを隠し持つ携帯用のケースの「ホルスター（**holster**）」などもすべて覆い隠しているイメージです。

●ワッフル

ベルギーと言えば、小麦粉と卵で作った生地を焼き型に薄く入れて丸く焼いた菓子の「ワッフル（**waffle**）」が有名です。この単語は**wafer**（ウェハース）と同じように、ゲルマン語で「ハチの巣」に由来します。

weave（織る、編む）、**weaver**（織り手）、**web**（クモの巣）、**wasp**（スズメバチ）などが同じ語源の単語です。クモの巣のように世界中に張りめぐらされているのがウェブサイト（**web site**）、「クモの巣」の**web**と「航海日誌」の**log**を組み合わせた**weblog**の短縮形が**blog**（ブログ）です。

Webster's Dictionaryで有名な米語の辞書編集者**Noah Webster**（ノア・ウエブスター）の**Webster**は、「織り手」や「編む人」が語源です。

（正解）　③sell（売る）

Check!

(　　)にあてはまる英語を入れてみましょう。

1. She (　　　)ed the fact that she was married.
彼女は結婚しているという事実を隠した。

2. The chocolate egg is (　　　) inside.
そのエッグチョコは中が空洞です。

3. The (　　　) is the basic unit of human life.
細胞は人間の生命の基本単位である。

4. Can you bring wine from the (　　　)?
地下貯蔵庫からワインを持ってきてくれますか。

5. There is a big mosquito on the (　　　).
天井に大きな蚊がとまっている。

6. She is (　　　)ing a rug.
彼女は絨毯を織っています。

Answer 1. conceal　2. hollow　3. cell　4. cellar　5. ceiling　6. weav

36

Paul

ポール

問題

「ポール(Paul)」の語源と関係のある形容詞は次のどれでしょうか？

①大きい　②小さい　③高い　④長い

サンパウロ

ブラジルで最も人口の多いサンパウロは、ブラジル経済の中心地で南米大陸かつ南半球で最大の都市として知られています。多くの日系企業が進出している都市で、2020年の人口は約1230万、そのうち日系ブラジル人の人口は約100万人です。

「サンパウロ（**Sao Paulo**）」という名称はイエス・キリストの使徒「聖パウロ（**St. Paul**）」に由来します。聖パウロは新約聖書を書いた一人ですが、元ユダヤ教徒で、イエスの死後に信仰の道に入ってきたため、十二使徒の中には含まれていません。ポルトガル語の**Paulo**（パウロ）は、英語では**Paul**（ポール）、フランス語では**Paul**（ポル）、イタリア語では**Paolo**（パオロ）、スペイン語では**Pablo**（パブロ）に変化します。

●ポール

Paulは印欧祖語で「小さい」「少ない」を表す**pau**が語源で、ここから**pupil** / **poor** / **pony** / **puppy** / **puppet** / **pupa**などの単語が生まれました。

pupil（児童）はラテン語で「子ども」を意味する**puer**に指小辞の**il**が付いた形です。「弟子」や「教え子」などのほかに、「瞳」の意味もあります。これはラテン語で「少女」や「人形」を意味する**pupa**が基になっていて、相手の目を見ると自分の姿が反射して、少女のような像が映ることに由来します。現代英語で**pupa**は、成虫になる前の「さなぎ」です。

poor（貧しい）は**pau**の持つ「少ない」イメージから生まれた語で、名詞形は**poverty**（貧困）、動詞形は**impoverish**（貧窮させる）です。**pony**は「子馬」、**puppy**は「子犬」、**puppet**は「**pupa**（少女、人形）＋**et**（小さいもの）」から「操り人形」で、**puppet government**は「傀儡政権」です。

小さいトマトを「プチトマト」や「ミニトマト」と呼びますが、「プチ」とはフランス語で「小さい」という意味の**petit**に由来し、ここから英語の**petty**（ささいな、取るに足らない）が生まれました。「小型のトマト」の英語の呼び名は**cherry tomato**です。

pau（小さい）は、ギリシャ語経由で**ped**に変化して「幼児」の意味で英語に借入されました。**pediatrics**は「**ped**（幼児）＋**atrics**（医学）」から「小児科」、**pediatrician**は「小児科医」、**pedagogy**は「**ped**（幼児）＋**agog**（指導者）＋**y**（名詞語尾）」から「教育学」です。また、**orthopedics**は「**ortho**（まっすぐな）＋**ped**（幼児）＋**ics**（学問）」で、主に幼児の体の奇形を治すことから「整形外科（学）」、**encyclopedia**は「**en**（中に）＋**cyclo**（周囲）＋**ped**（幼児）」で、子どものしつけに関わることから「百科事典」などの意味になります。

印欧祖語で子音**p**の発音は、ゲルマン語経由で英語に伝わるときには**f**に変化しますので、**pau**は**few**に変化し、英語に入ってきました。ですから、**few**は原義の「小さい」から少ないことを表す形容詞になります。数えられる名詞の前で「ほとんど～ない」、冠詞の**a**が付くと「多少ある」ことを表します。

正解　**②小さい**

Check!

(　　)にあてはまる英語を入れてみましょう。

1. This hen lays (　　　) eggs.
   このニワトリはほとんど卵を産まない。

2. Our dog had a (　　　) today.
   今日、うちの犬が子どもを産んだ。

3. A (　　　) government was established in Nanjing.
   傀儡政権が南京に設立された。

4. Many people died because of (　　　).
   貧困のために亡くなる人がたくさんいる。

5. Shoplifting is a (　　　) crime.
   万引きは軽犯罪である。

6. This class is made up of 20 (　　　)s.
   このクラスは20人の生徒で構成されています。

Answer 1. few　2. puppy　3. puppet　4. poverty　5. petty　6. pupil

37

El Salvador

エルサルバドル

問題

「エルサルバドル」の語源と関係のあるものは次のどれでしょうか？

①征服者　②先住民　③信仰者　④救世主

●エルサルバドル

中央アメリカの中央に位置する「エルサルバドル（**El Salvador**）」は、国境がグアテマラとホンジュラスに接し、南は太平洋に面しています。コスタリカとニカラグアを含む中米５カ国の中で、唯一カリブ海に面していない国でもあります。公用語はスペイン語で、スペイン系白人と先住民の混血が８割以上を占めています。貧困率が高いため、特に首都のサンサルバドル（**San Salvador**）の治安は良くないようです。

コロンブスが東洋の香辛料や金を求めてスペインの港から出航し、最初にたどり着いたのが現在のカリブ海バハマ諸島のサンサルバドル島でした。航海は予想以上に日数がかかり、半分あきらめかけたときに陸地が発見されたので、「聖なる救世主」という意味の**San Salvador**（サン・サルバドル）と名付けました。**El Salvador**は英語にすれば、**the Savior**、つまり「救世主キリスト」のことで、**San Salvador**は、**St. Savior**（聖・救世主）です。

しかし彼は自分が発見したのはインドであると死ぬまで信じていたため、この地域はいまだに「西インド諸島（**the West Indies**）」、先住民は「インディオ（**Indio**）」と呼ばれています。先住民は従順で友好的でしたが、結果的にはスペイン人たちは略奪と焼き討ちを繰り返し、10年足らずのうちに、数十万人に及ぶすべての島民が死滅することになったと言われています。

動詞**save**（救う、蓄える）の名詞形**saver**は「貯蓄家」、**savior**は「救済者」、**saving**は「節約」、**savings**は「貯金」です。これらは印欧祖語で、「全体の、完全な、管理の行き届いた」を表す**sol**が語源になっており、**safe / safety / salute / salvage / solid / solidarity / consolidate / solemn / soldier / holocaust / Catholic**などが同系語です。

●サルベージ

完全で無傷の状態から**safe**は「安全な、無事な、金庫」の意味になります。名詞形**safety**は「安全、無事」、**salute**は、健康や無事を願う気持ちで「あいさつする、賞賛する」、**salvage**（サルベージ）は沈没船の「引き揚げ」や「救出された船荷」など、安全や救出をイメージさせる単語です。

solidは中身が全部詰まった状態から、形容詞で「硬い、固体の、頑丈な」、名詞なら「固体」です。動詞形の**solidify**は「強固にする」、名詞形の**solidarity**は、がっしりした状態から「団結、結束」となります。また、**consolidate**は完全に（**con**）強固にするから「強固にする、合併する」、**solemn**は「重々しい、厳かな」など、どれもかたいイメージを持つ語です。

古代ローマ時代の金貨は**solidus**（ソリドゥス）と呼ばれ、兵士が報酬としてもらったことから、**soldier**は「兵士」の意味を持つようになりました。

●ホロコースト

「ホロコースト（**holocaust**）」は「大虐殺」で、ギリシャ語の「**holo**（全部）＋**caust**（焼かれた）」に由来します。**the Holocaust**なら、ナチスによる「ユダヤ人大虐殺」のことです。**holocaust**は、もともとは古代ユダヤ教における最も重要な儀式「燔祭」のことで、神への捧げものとして羊・雄牛・ヤギな

どを石造りの祭壇で丸焼きにする儀式に由来します。

「カトリック教徒」の**Catholic**は、ギリシャ語の「**kata**（～について）＋**holos**（全体）＋**ic**（形容詞語尾）」が語源で、「全般的な、普遍的な」が原義です。

正解　④救世主

Check!

(　　)にあてはまる英語を入れてみましょう。

1. The (　　　)s had set up barricades to protect themselves.
   兵士たちは身を守るためにバリケードを設置した。

2. Water changes from a liquid to a (　　　) when it freezes.
   水は凍ると液体から固体に変化する。

3. He jumped into the river to (　　　) the drowning girl.
   彼は溺れかけている少女を救うために川に飛び込んだ。

4. Keep your valuables in the (　　　).
   貴重品は金庫にしまっておきなさい。

5. He read the poem in a (　　　) voice.
   彼は重々しい声で詩を読んだ。

6. They prayed for her (　　　).
   彼らは彼女の安全を祈った。

Answer　1. soldier　2. solid　3. save　4. safe　5. solemn　6. safety

38

Hyatt Regency

ハイアット・リージェンシー

問題

「ハイアット」の語源と関係のあるものは次のどれでしょうか？

①門　②窓　③屋根　④庭

●ハイアット

Hyatt Hotels and Resorts は米国に本拠を置く国際的なホテルグループです。「ハイアット（**Hyatt**）」は、英語の名字の一つで、中期英語の **hie**（高い）と **yate**（門）、つまり現代英語の **high** と **gate** が基になっており、「高くそびえる門」が語源です。

gatehouseは「門番小屋」、**gatekeeper**は「門番」、**gatepost**は「門柱」です。**gateway**は「門口」が原義で、ある地域への「入口」や「表玄関」のことです。米国の実業家でマイクロソフト社の創設者であるビル・ゲイツ（**Bill Gates**）氏の祖先はもしかしたら「門番」だったのかもしれません。ちなみに名前の**Bill**（ビル）はニックネームで、本名は**William**（ウィリアム）です。**William**が**Will**になり、さらに**Bill**に変化したもので、他に発音が変化したニックネームに、**Robert**（ロバート）の**Rob**からできた**Bob**（ボブ）、**Richard**（リチャード）の**Rick**からできた**Dick**（ディック）などがあります。

●リージェンシー

ハイアットホテル系列の一つである「ハイアット・リージェンシー（**Hyatt Regency**）」の**regency**とは「摂政の職務・地位」のことです。英国には「摂政時代（**the Regency**）」と呼ばれる時代があり、精神を患った国王ジョージ３世に代わって皇太子ジョージ４世が摂政に就任していた1811～20年の約10年間を指します。ラテン語の「支配者」の**regens**に由来し、印欧祖語で「まっすぐな、まっすぐに導く」という意味の**reg**にさかのぼることができます。

regular / regulate / regulation / rule / ruler / royal / regal / reign / region / regime / regimentなどは同語源で、すべて「まっすぐに導く」というイメージを持つ単語です。人民を導く王様が決めた「標準の」

が**regular**、動詞形**regulate**は「規制する、調節する」、名詞形**regulation**は「規制、規則」で、「規則」の**rule**（ルール）の同義語です。

rulerはまっすぐに測定するものから「物差し」、国民を導く人から「支配者」で、同様に**royal**は「王室の、国王の」、**regal**は人民を導く「王の」、**reign**は「統治（する）」です。また、**region**は王が支配している「地域」や「地方」、**regime**は王様が管理する「（政治）体制」や「政権」、**regiment**は王が支配している軍の「連隊」のことです。

royalの名詞形**royalty**の本来の意味は、王様や王族が持つ特権や権威を表す語ですが、主に出版の際に生じる「印税」や「特許権使用料」の意味で使われます。「印税」とは政府に支払う税金のことではなく、出版社が著作権者に対して支払う使用料のことです。

rectangleは、「まっすぐな角（**angle**）」から「長方形」の意味になります。さらに、**rectify**は「まっすぐにする」から「修正する」、**rectilinear**は「まっすぐな線（**line**）」から「直線的な」、**rectum**は大腸の末端のまっすぐな部分の「直腸」です。

正解　①門

Check!

(　　)内に適当な単語を入れてみましょう。

1. This heater will (　　　) the temperature in the room.
   このヒーターは部屋の温度を調節する。

2. Snow is forecast in the northern (　　　) of the country.
   国の北部地方で雪が予報されている。

3. Queen Victoria (　　　)ed over England for 64 years.
   ビクトリア女王は64年間イングランドを統治した。

4. Sooner or later the new (　　　) will fall.
   遅かれ早かれ新政権は崩壊するだろう。

5. Do you have a (　　　) family in your country?
   あなたの国では王室はありますか。

6. I make it a (　　　) to go to bed early.
   私は早く寝ることにしています。

Answer 1. regulate 2. region 3. reign 4. regime 5. royal 6. rule

39

Volkswagen

フォルクスワーゲン

問題

「フォルクスワーゲン」の語源と関係のある英単語は次のどれでしょうか？

① people（人々）　② bus（バス）
③ bicycle（自転車）　④ train（列車）

●フォルクスワーゲン

自動車メーカーの「フォルクスワーゲン（**Volkswagen**）」という社名の由来は、ドイツ語の**Volk**（国民、大衆）の**Wagen**（車）で、「大衆のための車」です。いつも身近な存在であってほしいという意味が込められているそうです。車種の中でも人気の「タイプ1」は、その形から**Beetle**（カブトムシ）の通称で知られています。

フォーク

ドイツ語の**Volk**は英語では**folk(s)**で、「人々」(＝**people**)の意味です。**folk song**は「民謡」、**folk dance**は「民族舞踊」、**folk music**は「民族音楽」のように日本語の一部になっています。この他にも、**folk tale**「民話」、**folk medicine**「民間療法」などの連語があります。また、一語で**folklore**と言えば「民間伝承」や「民俗学」のことです。

folkは印欧祖語で「満たす」という意味の**pele**にさかのぼることができます。印欧祖語はゲルマン語を経由して英語に入る場合、**p**の子音は**f**に変化しました。「満たす」という意味から生まれた**f**で始まる単語は**folk**の他に、**fill**（満たす）と**full**（いっぱいの）、そして、この２語を合成した**fulfill**（実現させる、満たす）があります。

日本語では「フル出場」「フル回転」「フル稼働」「フル参加」など「フル」で始まる和製英語がたくさんありますが、「フルムーン（満月）」(**full moon**)、「フルネーム」(**full name**)、「フルスピード」(**full speed**)、「フルタイムの（常勤の）」(**full-time**）などは立派な英語です。また、**wonderful**や**beautiful**など、**ful**が接尾辞的に使われる語はたくさんあります。

●プラス

印欧祖語の**pele**はラテン語経由では、**pl**や**ply**の形に変化しながら英語に借入されました。**plus**（プラス）は、**One plus two is three.**（1たす2は3）のように、前置詞で「～に加えて」、**surplus**は「余剰（の）」、**plural**は「複数の」、**plenty**は「多数」、**plenary**は「全員一致の」です。その他、**supply**は下から（**sup**）満たして「供給（する）」、**comply**は相手の要求を「完全に（**con**）満たす」から「従う、応じる」で、名詞形の**compliance**（コンプライアンス）は、規則を完全に満たすから「法令遵守」です。

また、**complete**は完全に満たされた状態から「完全な、完成させる」、**complimentary**は相手の気持ちを完全に満たすから「無料の、招待の」となります。**compliment**は「賛辞、ほめ言葉」、**accomplish**は「完全に満たすほうへ」から「成し遂げる」です。

●ワゴン

ドイツ語の**Wagen**（車）は英語では**wagon**（四輪の荷馬車）となり、印欧祖語で「行く」の意味の**wegh**が語源です。**way**（道、方法）、**away**（離れて）、**always**（いつも）、**weigh**（重さがある）、**weight**（重さ）、**wave**（波）なども同語源です。

正解　①people（人々）

Check!

（　　）にあてはまる英語を入れてみましょう。

1. In (　　　) the snake is thought to be a symbol of evil.
民間伝承ではヘビは悪の象徴だと考えられている。

2. I can't (　　　) with your requests.
あなたの依頼に応じることはできません。

3. The trade (　　　) has been rising lately.
最近、貿易黒字は上昇中である。

4. Thank you for your (　　　).
おほめいただいてありがとうございます。

5. What is the (　　　) of this baggage?
この手荷物の重さはどれくらいですか。

6. We were (　　　)ed with food and blankets.
私たちは食料と毛布を支給された。

Answer 1. folklore　2. comply　3. surplus　4. compliment　5. weight　6. suppli

40

Halloween

ハロウィーン

問題

ハロウィーン（Halloween）と語源的に関係のあるものは次のどれでしょうか？

①感謝祭　②クリスマスイブ
③イースター　④バレンタインデー

●ケルト人

紀元前1200年から紀元前500年にかけて中央ヨーロッパでハルシュタット文化を発展させたケルト人が、ブリテン島に定住しはじめたのが紀元前7世紀頃のこと。その後、紀元前1世紀中頃のカエサルによる侵攻からローマ人の進出が始まり、43年にはローマ帝国の属州ブリタニア（**Britania**）となります。これが、**Britain**（ブリテン島）、**British**（英国の、英国人）の語源になっています。ブリテン島では、被支配階級のケルト人が話すケルト語と支配階級であるローマ人が話すラテン語が共存していくことになります。やがて、ローマ帝国の衰退と共に、5世紀頃、アングロ・サクソン人の侵入によってブリテン島のケルト社会は破壊され、やがてケルト人はスコットランド、アイルランド、ウェールズなどの地に追いやられました。

ハロウィーンの起源は古代ケルト人の習慣にさかのぼります。古代のケルトでは、1年の始まりは11月1日で、前日の10月31日には秋の収穫を祝います。大みそかに当たるこの日には、祖先の霊が家に戻ると同時に悪魔や魔女のほか、さまよえる魂が死後の世界からやってきて街中をさまよう日でもあります。そこで、人々は魔よけの焚火をしたり、彼らの仲間だと思わせるために仮装をしたりして身を守っていました。やがてこの風習がキリスト教圏に広がり、次第に宗教的な色彩が薄れていき、特に米国では大人や子どもが派手な仮装をして楽しむイベントとして広まっていきました。

米国では、子どもたちが魔女やゾンビなどに仮装して、**"Trick or Treat"** と声をかけながら近所の家々を回ります。それに対して大人たちは、**"Happy Halloween"** や **"Treat"** と呼応しながらチョコレートやキャンディーなどのお菓子をあげるのが習わしとなっています。**trick** は「いたずら」、**treat** は「ご馳走」の意味で使われています。**trick**は動詞で「だます」、名詞で「いたずら」の他に「計略」「手品」などの意味があります。**treat**は動詞で「おごる」の他に「扱う」「治療する」などの意味で使われます。

●ハロウィーン

Halloweenは「万聖節」とも呼ばれますが、語源はスコットランド語で「すべての聖人たちの前夜」という意味の**All Hallow-Even**（＝**All Saint's Eve**）が短縮されたものです。**hallow**は現代英語でも「神聖化する」の意味で残っていて、**holy**（神聖な）、**holiday**（祝日、祭日）、**health**（健康）、**healthy**（健康な）なども関連語です。病気や傷などを「治す」「癒える」の**heal**は**health**（健康）の動詞形です。

eveは**Christmas Eve**なら「クリスマスイブ＝クリスマス前夜」のように「前夜」の意味です。**evening**は「夕べに近づくこと」から「夜」や「晩」の意味になった単語です。

●カボチャちょうちん

カボチャの中身をくりぬいて目・鼻・口を彫り、中にローソクを立てたちょうちんは**Jack-o'-lantern**（ちょうちんを持ったジャック）と呼ばれます。これは米国で生まれたものですが、アイルランドの民話に由来します。ケチで飲んだくれのジャックは魂を取られそうになった悪魔をだましたために、地獄に堕ちることもできず、死んだあとも地獄の入り口でお情けでもらった火をカブで作ったランタンにともし、闇夜を永遠にさまよったという話です。米国でカブは人気がなく、いつしかカボチャが使われるようになりました。

正解 ②クリスマスイブ

Check!

(　　)にあてはまる英語を入れてみましょう。

1. It took time to (　　　) the wounds.
   傷を治すのに時間がかかった。
2. There are several (　　　) cities in Israel.
   イスラエルには聖なる都市がいくつかある。
3. I had my bad teeth (　　　)ed yesterday.
   私は昨日、虫歯を治療してもらった。
4. He was (　　　)ed into signing the contract.
   彼はだまされて契約に署名してしまった。
5. The 4th of July is a national (　　　) in the US.
   アメリカ合衆国では7月4日は国民の祝日です。
6. Walking is one of the best ways to stay (　　　).
   ウォーキングは健康でいるための最良の方法の一つです。

Answer 1. heal　2. holy　3. treat　4. trick
5. holiday　6. healthy

41

Manchester

マンチェスター

問題

「マンチェスター」の語源と関係のあるものは次のどれでしょうか？

①乳房　②頭部　③臀部　④手

●マンチェスター

マンチェスター（**Manchester**）は、かつて英国産業革命の先駆的な都市として世界中に名をとどろかせた都市で、現在ではプレミアリーグ「マンチェスター・ユナイティッド（**Manchester United**）」でおなじみです。英語で「忙しい」ことを強調する表現に、**as busy as a**

bee（ミツバチのように忙しい）があります。マンチェスターの町の紋章には「ミツバチ（**a honeybee**）」が描かれていて、町のあちこちでミツバチの絵やオブジェを見ることができます。これは18世紀の後半、英国で起こった産業革命の時代に勤勉に働いた市民を称えるためのものです。

Manchesterは、ラテン語の**mamm**（乳房のような形をした）と古英語の**ceaster**（ローマ人の町）が語源で、ローマ人が築いた乳房のような形をした町に由来します。**mamma**はラテン語で「母」を意味します。**mammal**は「哺乳動物」、乳がんを発見するためのレントゲン撮影は「マンモグラフィー（**mammography**）」で、その写真が「マンモグラム（**mammogram**）」です。**mamm**はギリシャ語では**mast(o)**で、**mastodon**は「**mast**（乳房）＋**odon**（歯）」から、象の祖先の化石動物である「マストドン」です。

「電報」は、**telegram**とも**telegraph**とも言いますが、語源は両方とも「**tele**（遠くに）＋書くこと」です。**gram**や**graph**はギリシャ語で「書くこと」「ひっかくこと」が原義で、**grammar**は「書く技術」から「文法」の意味になりました。**autograph**は「自分で書く」から「自筆」や有名人などの「サイン」、**biography**は「**bio**（生命）を書く」から「伝記」、**autobiography**なら「自叙伝」となります。

●チェスター

Manchesterの後半部分の**chester**は前述の通り、基は古英語の**ceaster**（ローマ人の町）ですが、ラテン語の「要塞都市」や「砦」という意味の**castrum**にさかのぼります。**Chester**、**Winchester**、**Chesterfield**など、英国の地名に**chester**が含まれる都市名はすべてローマ人が建設したことを物語っています。要塞都市の象徴となる「城」の**castle**や、フランスの「城」や「大邸宅」の**chateau**（「シャトウ」と発音）も同語源で、これらの単語は印欧祖語で「切る」という意味の**kes**にさかのぼることができます。**chaste**は、「汚いものから切り離された」状態から「純潔な」の意味になります。インドの「**caste**（カースト制）」も同語源で、かつてインドを植民地にしていたポルトガル人が、僧侶・士族・庶民・奴隷の四つの階級からなるインドの身分制度を、ポルトガル語で「切り離された人種」や「血統」を意味する**casta**と呼んでいたことに由来します。

●シャトーブリアン

ステーキの「シャトーブリアン（**Chateaubriand**）」は、最高級の牛フィレ肉の中心部のみの肉のことで、19世紀初頭、フランスの小説家・政治家だったフランソワ・シャトーブリアンの名前に由来します。彼は美食家として知られており、ロンドン大使として在任中に大使館付の料理人が考案したものと言われています。名字の**Chateaubriand**は、**chateau**（城）と、フランスのケルト系住民に多い名字の**Briand**(ブリアン)から成っています。英語の男性名の**Brian**（ブライアン）は、ケルト語で「強い」や「高い」を意味する**Briand**が語源です。

（正解）　①乳房

Check!

(　　　)にあてはまる英語を入れてみましょう。

1. The (　　　　) was built 200 years ago.
   その城は200年前に建てられた。

2. The whale is a (　　　　).
   鯨は哺乳動物である。

3. There are no mistakes in (　　　　).
   文法の間違いは全くない。

4. Can I have your (　　　　)?
   サインをいただけますか。

5. I am reading a (　　　　).
   私は今、伝記を読んでいます。

6. He is writing his (　　　　).
   彼は今、自叙伝を書いています。

Answer　1. castle　2. mammal　3. grammar　4. autograph　5. biography　6. autobiography

42

Carpenter / Carter

カーペンター／カーター

問題

兄妹デュオの「カーペンターズ」と米元大統領の「カーター」の語源に共通して関係のあるものは次のどれでしょうか？

①家　②車　③お金　④旅行

●カーペンターズとカーター

ここで取り上げる人物は、1970年代を中心に世界中で人気を博した米カリフォルニア州出身の兄妹・カーペンターズ（**Carpenters**）と、77年から4年間、米国第39代大統領を務めたジミー・カーター氏（**Jimmy Carter**）です。両者に共通する部分の**car**（車）は、

13世紀の英国では「車輪が付いた乗り物」を総称する言葉で、古くは古代ケルト人が使っていた戦闘用の「二輪馬車」を指しました。

「大工」を意味する**carpenter**は、本来「荷馬車を作る人」、**carter**は「荷馬車の運転手」のことでした。このように、英語圏では祖先の職業が、そのまま名字として使われることが多々あります。英米で最も多い名字の**Smith**は「鍛冶屋」ですが、その他、「粉ひき屋」の**Miller**、「仕立屋」の**Taylor**、「パン屋」の**Baker**、「桶屋」の**Cooper**、「ろくろ師」の**Turner**、「陶工」の**Potter**など枚挙に暇がありません。

●カー

Carpenterと**Carter**に共通する**car**は、印欧祖語で「走る」という意味の**kers**にさかのぼることができます。**carry**（運ぶ）、**carrier**（運輸業者、保菌者）、**carriage**（馬車、車両）、**cart**（荷馬車、手押し車）、**cargo**（貨物）などは同語源です。**career**も同語源で、「乗り物が通った道」⇒「人が歩んだ道」の連想から、「（生涯の）職業・仕事」や「経歴」の意味になります。「風刺画」の**caricature**（カリカチュア）は、荷物を馬車に積みすぎることが語源です。

フランス語経由では、**car**は**char**に変化し、「馬車に

荷を積む」⇒「負担を負わせる」の連想から、「料金、(料金) を請求する」の**charge**、戦闘や競技に使う「二頭立ての馬車」の**chariot**などが生まれました。さらに、**car**は**cur / cour / cor**などに形を変えて、**course / discourse / recourse / intercourse / current / cursor / occur / recur / corridor / curriculum**などの単語を作り出しました。

●コース

course（コース）は「走ること」や「走る場所」が原義で、「進路、方針、過程」などの意味です。陸上競技のトラックや水泳のコースは「小道」が原義の**lane**で表します。**discourse**は「**dis**（離れて）走る」から話題が多岐にわたる「講演」、**recourse**は「**re**（後ろへ）走る」から「頼りにする人（物)」、**intercourse**は「二者の間を（**inter**）走る」から「交流」や「性交」の意味になります。

さらに、**current**は「走っている」から名詞で「流れ」、形容詞で「流通している」となり、名詞形**currency**は世に出回る「通貨」、**cursor**は「走るもの」からパソコンの「カーソル」、**occur**は「こちらに向かって走る」から「起こる」、**recur**は「再び走る」から「再発する」となります。**corridor**は「走る場所」が原義の「通路、廊下」、最後の**curriculum**（教育課程）は古代ローマ時代に戦車競走で使われた小型戦車のことで、1630年代にスコットランドの大学で古典ラテン語の学部が創設された際、学生たちを鍛え上げるための研修コースという意味で使われたことに由来します。

(正解) ②車

Check!

(　　)にあてはまる英語を入れてみましょう。

1. He left school to pursue an acting (　　　).
   彼は学校をやめて演劇の職業を追い求めた。
2. The baby sleeping in the baby (　　　) is my niece.
   ベビーカーで眠っている赤ちゃんは私の姪です。
3. There is no service (　　　) for fitting tires.
   タイヤ交換は手数料無料です。
4. The accident (　　　)ed at midnight.
   その事故は夜の12時に起こった。
5. Where can I exchange foreign (　　　)?
   外国の通貨はどこで両替できますか。
6. She said nothing during my (　　　).
   彼女は私の講演中に何も言わなかった。

Answer 1. career　2. carriage　3. charge　4. occurr
5. currency　6. discourse

43

Valentine

バレンタイン

問題

「聖・バレンタイン」はどこの国の人でしょうか？

①フランス ②古代ギリシャ

③古代ローマ ④英国

●ルペルカリア祭

3世紀、ローマ帝国の皇帝クラウディス2世は兵士の結婚を禁止する法令を出しました。愛する女性がいると戦争に行きたがらない兵士が増えるというのが理由でしたが、この法令にそむいて、恋人たちの結婚式を執りおこなったのがカトリック司祭のバレンタイン（**Valentine**）でした。当時はキリスト教が迫害されていた時代だったので、彼は皇帝の命令に従わなかったために処刑されてしまいます。

ローマ時代の２月14日は、ローマ神話の主神ユピテル（**Jupiter**）の妻であり、豊作・繁栄と結婚の女神であるユノー（**Juno**）の祝日でした。**Jupiter**と**Juno**は、それぞれ英語で読めば、「ジュピター」と「ジュノー」です。その翌日の15日には「ルペルカリア祭」という祭りが開催されていました。ローマのパラティーノの丘のふもとの洞窟に住んでいたとされる牧羊神**Lupercus**（ルペルクス）を称える祭りです。ルペルクスの語源は「オオカミ」で、ローマを建国したとされる伝説上の兄弟ロムルスとレムスを育てた雌のオオカミと羊飼いに由来します。

祭りの前日に未婚の女性が自分の名前を書いた札を桶に入れ、祭り当日に男性が桶から札を一枚引き、その札に書かれていた名前の女性と一緒に過ごすという習慣がありました。当時の若い男女は出会いの場がなかったので、この祭りは絶好のチャンスでもあったわけです。この習慣はキリスト教がローマの国教となってからも続きましたが、５世紀になると風紀の乱れを招くことを理由に廃止されました。

そこで、時の皇帝は若者たちの反発を避けるために、２月14日を聖バレンタインの逸話と結び付けて、男女が愛を誓い合う日として祝日としました。これがバレンタインデー起源の最も一般的な説とされています。
　女性が意中の男性にチョコレートを渡す日本の習慣は昭和40年代に入ってからのことです。筆者が高校生の頃、女子生徒にチョコレートをもらっている友人は皆無でした。義理チョコという概念も全くなかった時代でした。世界的には男性から女性にプレゼントを贈る国も多いようですが、未婚の男女が意中の相手に思いを告白するという習慣は14世紀のフランスとイギリスの宮廷で始まったとする説が有力です。

●ウラジーミル

　Valentineという名前はラテン語で「力」や「能力」を表す**valentia**に由来し、印欧祖語の**wal**（強い）にさかのぼります。46ページで取り上げた「世界の支配者」のドナルド（**Donald**）や、スラブ系の「ウラジーミル（**Vladimir**）」です。**Vladimir**は「**vlasti**（支配）＋**miru**（平和）」が語源で、「平和な世界の支配者」が原義です。
　同系語に、**value**（価値）、**valuable**（貴重な）、**valid**（有効な）、**invalid**（無効の、病弱な）、**valor**（勇気）、**valiant**（勇敢な）、**evaluate**（評価する）、**equivalent**（同等の）、**prevail**（普及する、勝つ）、

prevalent（普及している）、**available**（入手できる、利用できる）などがあります。

（正解） ③古代ローマ

Check!

（　　）にあてはまる英語を入れてみましょう。

1. I believe justice will (　　　) in the end.
   最後には正義が勝つと信じている。
2. This ticket is no longer (　　　).
   このチケットはもう有効ではありません。
3. Nothing is more (　　　) than good health.
   健康より貴重のものは何もない。
4. Tickets are (　　　) online.
   チケットはネットで入手できます。
5. How is the performance (　　　)?
   演技はどのように評価されますか。
6. The (　　　) of gold is constantly changing.
   金の価値は絶えず変化している。

Answer 1. prevail　2. valid　3. valuable　4. available
5. evaluated　6. value

44

Nemesis

ネメシス

問題

義《ぎ》憤《ふん》の女神「ネメシス」の語源と関係のある英単語は次のどれでしょうか？

① name（名前）　② economy（経済）
③ revenge（復讐）　④ nerve（神経）

●ナマステ

「南無阿弥陀仏」は古代インドの文学語であるサンスクリット語に由来し、南無（**namo**）＝私は心から従う、阿弥陀（**amita**）＝量り知れない命や光、仏陀（**Buddha**）＝悟りを開いた者という三つの語源から成り立っています。意味は「私は量り知れない命や光を持った仏様に心から従います」です。

インドやネパールで交わされるあいさつ「ナマステ（**namaste**）」は、「南無」と同じサンスクリット語源で、「**namas**（私は心から従う）＋**te**（あなたに）」に由来します。これらの**namo**や**namas**の出どころは、印欧祖語で「割り当てる、取る、捧げる」という意味を表す**nem**です。

割り当てるときに数える「数字」は**number**、「数えられない」は**numberless**や**innumerable**です。**nimble**は「取ることができる（**ble**）」から「理解が早い、素早い」の意味。寒さなどでつかまれたように、感覚が「しびれた」のが**numb**です。また、「割り当てられた土地で放牧する人」が原義の「遊牧民、流浪者」は**nomad**です。

●ネメシス

ギリシャ神話に登場する「義憤の女神」で、夜の女神ニュクス（**Nyx**）の娘である「ネメシス（**Nemesis**）」も同語源です。神をないがしろにする人間の高慢さに容赦なく手厳しい罰を与えたと言われ、**nemein**（ふさわしいものを量り分ける）から生まれた単語です。

また、「割り当てる」ことから「管理」や「規則」の意味で、**nomy**は接尾辞的に使うこともできます。**economy**は「**eco**（家）を管理する」から「経済、景気」、**astronomy**は「**astro**（星）を管理する」から「天文学」、**gastronomy**は「**gastro**（胃）を管理する」

から「美食学」や「調理法」です。

「阿弥陀」の**amita**はギリシャ語で言えば「**a**（ない）＋**metron**（量る、測る）」で、「量ることができない」ということです。印欧祖語で「量る、測る」という意味の**me**にさかのぼることができます。楽曲のテンポを一定に保つための時間測定機器**metronome**（メトロノーム）は、「**metron**（測る）＋**nome**（規則）」が語源です。

また、**diameter**は「円を**dia**（横切って）測る」から「直径」、**thermometer**は熱（**therm**）を測る「温度計」、**barometer**は重さ（**baro**）を量る「気圧計」、**geometry**は地球（**geo**）を測るから「幾何学」です。これらはすべてギリシャ語経由で英語に入りました。

●仏陀

仏教の開祖はゴータマ・シッダールタ（**Gautama Siddhartha**）で、詳細については不明なことが多く、おそらく前6世紀から前5世紀あたりに北インドで生まれた人物とされます。父親が釈迦族の王であったことから「釈迦牟尼（シャカムニ）」とも呼ばれます。**Sakyamuni**とは「釈迦族の賢人」という意味で、名字の**Gautama**は「最も偉大な牛の子孫」です。ゴータマ・シッダールタ（シャカムニ）は、一般的には仏陀と呼ばれ、「仏陀（**Buddha**）」は「悟りを開いた者」というサンスクリット語に由来します。仏陀の教え、つまり「仏教」が

Buddhism、「仏教徒」は**Buddhist**です。派生語の**Bodhisattva**は「**Bodh**（悟りを開いた人）＋**sattva**（存在）」から成り、「悟りを求める人」が原義で、人々を救済するために人間界にとどまっている「菩薩」です。

正解　②economy（経済）

Check!

（　　）にあてはまる英語を入れてみましょう。

1. The stars are (　　　).
   星は数え切れない。

2. The (　　　) is starting to recover.
   景気は回復し始めている。

3. Can you determine the (　　　) from the circumference?
   円周から直径を測定することができますか。

4. The (　　　) says it's almost 40 degrees outside.
   外は40℃近くあると温度計は示している。

5. I'm having an exam in (　　　) next week.
   来週、幾何学のテストがあります。

6. My fingers are (　　　) with cold.
   私の指は寒さでかじかんでいます。

Answer　1. innumerable / numberless　2. economy　3. diameter　4. thermometer　5. geometry　6. numb

45

Carmen

カルメン

問題

「カルメン」という名前の語源に関係があるものは次のどれでしょうか？

①めんどり　②おんどり　③ハト　④ツル

カルメン

ジョルジュ・ビゼー作のフランス語のオペラ「カルメン（**Carmen**）」は作家プロスペル・メリメの小説を基に作られたものです。このオペラの舞台は19世紀初頭のスペイン・セビリア。バスク出身の真面目な伍長のホセが、情熱的なカルメンに翻弄され、果ては彼女を殺してしまうという悲しい話です。

カルメンは現在でもスペインで人気のある女性名で、語源はラテン語で「歌う」という意味の**canere**の名詞形で「歌」や「詩」に由来します。「歌」はフランス語で**chanson**（シャンソン）、イタリア語で**canzone**（カンツォーネ）で、英語の同系語に**charm / chant / enchant / accent / hen**などがあります。

charmは、歌うように呪文を唱える「まじない」や「魅力」、形容詞形**charming**は「魅力的な」、**chant**は「集団で繰り返し唱える言葉」や「シュプレヒコール」のことです。動詞で「連呼する」ですが、英語学習法の「チャンツ（**chants**）」は、リズムに合わせて英文や英単語を発音することです。**enchant**は「歌の中に（**en**）」から、呪文を唱えて「魅了する、魔法をかける」、**incentive**は歌を歌って励ます「刺激」や「動機」のことです。**accent**は言葉に付けられた曲から「なまり」、「めんどり」の**hen**も同系語で、歌うように鳴く鳥が語源です。

英国で**hen party**と言えば、結婚間近の女性のために友人が開く女性のみのパーティー、つまり日本の「女子会」に相当する会です。これに対して、結婚間近の男性のために友人が開く男性のみのパーティーが**stag party**です。**stag**とは**deer**（シカ）の中でも5歳以上の成長した雄鹿のことです。

stag（雄鹿）の語源は、印欧祖語で「刺す」という意味の**stegh**にさかのぼり、雄にしか生えないツノで刺す、という行為から生まれたものと推定されます。また、語源は明らかではありませんが、「棒」や「突き刺す」の**stick**、ハチが針で「刺す」の**sting**、心に突き刺すイメージの「本能」の**instinct**、同じく突き刺す「刺激」の**stimulus**なども同じ語源と考えると覚えやすいです。ステーキ（**steak**）は、串を刺した肉をローストしたことに由来する語です。

ちなみに、雌の鹿は**doe**（「ドウ」と発音）で、ミュージカル『サウンド・オブ・ミュージック』で流れる「ドレミの歌」の出だしの**Doe, a deer, a female deer.**（ドウは雌の鹿のドウ）に登場します。

●ロマ

主人公のカルメンはロマで、「ロマ（**Roma**）」とは東アジアを除く世界中に生活する少数民族のことです。かつては「ジプシー（**Gypsy**）」と呼ばれていましたが、差別的なイメージがあることから現在では彼らが自称している「ロマ」や、「ロム（**Rom**）」「ロマニ（**Romany**）」が使われていることは129ページで学習済みです。これらは彼らの言語で「男性」や「夫」を意味します。

ロマの発祥地は6～7世紀のインドにあるとされ、以降ヨーロッパを中心に世界中に暮らしています。**Gypsy**の名称は、これも129ページで紹介しましたが、語源的にはEgyptian（エジプト人）のEが消失してできた言葉です。

正解　①めんどり

Check!

(　　)にあてはまる英語を入れてみましょう。

1. She is a very (　　　), pretty girl.
   彼女はとても魅力的で可愛い少女です。
2. He was (　　　)ed by her smile.
   彼は彼女のほほ笑みにうっとりした。
3. An increase in wages is an (　　　) to working harder.
   昇給はもっとよく働こうという刺激になる。
4. A cat's natural (　　　) is to chase birds.
   ネコの生まれながらの本能は鳥を追いかけることだ。
5. It could be a (　　　) to the economy.
   それは景気の刺激になりうる。
6. His English has a French (　　　).
   彼の英語にはフランス語のなまりがある。

Answer　1. charming　2. enchant　3. incentive　4. instinct　5. stimulus　6. accent

46

Bohemia

ボヘミア

問題

「ボヘミア」と語源的に関係のあるものは次のどれでしょうか？

①幽霊屋敷　②観覧車

③ジェットコースター　④メリーゴーランド

●ボヘミア

ボヘミアはチェコ西部の一地方の歴史的名称で、語源はかつてこの地に定住したケルト系の一民族であるボイイ人（**Boii**）と、英語やドイツ語の共通の祖先語であるゲルマン祖語で「家」や「村」を表す**haimaz**の合成語です。**boii**はラテン語で「戦士」の意味があり、語源的には「戦士たちの村」ということです。

Bohemianは「ボヘミア人（の）」ですが、ボヘミア地方にロマ（かつてはジプシーと呼ばれた）が多く暮らしていたことからフランスでは15世紀頃からロマを指す言葉として使われ、さらにのちに、貧しいけれど因習にとらわれない自由奔放な若い芸術家や文学青年の意味で使われるようになります。この意味では、**bohemian**と小文字で表記されます。**haimaz**は英語では**home**で、ドイツ語では**heim**（ハイム）です。筆者の母校である上智大学のキャンパス内にクルトゥルハイムという教会があります。クルトゥルハイムはドイツ語ですが、日本語で表せば「文化の館」です。

バーミンガム（**Birmingham**）、バッキンガム（**Buckingham**）、ノッティンガム（**Nottingham**）のように、地名の語尾に**-ham**と付くものは、「村」や「屋敷」が語源です。**home**の同系語に、**hamlet / haunt / hangar**があります。

hamletは、**home**と「小さい」ことを表す指小辞の**let**から「小村」や「小集落」、**haunt**は「家に持って帰る」が原義で、「足しげく通う」や「幽霊が出没する」という意味で使われ、ディズニーランドの**haunted mansion**は「幽霊屋敷」です。

hangarは「家の**yard**（庭）」が原義で、本来は馬車などの乗り物を収容する「小屋」や「納屋」の意味でしたが、現在では飛行機の「格納庫」の意味で使われます。

●ガーデンとヤード

一般家庭の「庭」は米国では**yard**、英国では**garden**と呼ぶのが普通ですが、どちらも「囲む」という意味の印欧祖語の**gher**にさかのぼります。つまり、「家を囲むもの」が**yard**と**garden**の語源です。**orchard**は「**wort**（植物、草）＋**yard**（庭）」から「果樹園」、**kindergarten**はドイツ語の「**kinder**（子どもたち）＋**garten**（庭）」から「幼稚園」です。

gherの**gh**の発音はギリシャ語やラテン語では**k**の発音に変化し、**court**や**chorus**などの単語が生まれました。**court**は「建物に囲まれた中庭」から「法廷」や「王宮」の意味に、さらにテニスの「コート」の意味に発展し、形容詞**courteous**は「礼儀正しい」、名詞形の**courtesy**は「礼儀正しさ」です。

「合唱（団）」の**chorus**は古代ギリシャ時代、劇を演じる舞台のそでででプロローグやト書きのような部分を歌と踊りで表現していた集団から生まれた語で、この場所は**orchestra**（オーケストラ）と呼ばれていました。劇の文化がローマに伝わると、オーケストラという言葉は、舞台前の元老院議員などの貴賓席の意味に変化します。そして18世紀に入って劇場でコンサートやオペラが上演されるようになると、この場所に楽団が陣取ることになり、今日の「オーケストラ」の意味に変わっていきました。「聖歌、讃美歌」の**carol**や「聖歌隊」の**choir**（「クワイアー」と発音）も同系語です。

（正解） ①幽霊屋敷

Check!

(　　)にあてはまる英語を入れてみましょう。

1. The castle is said to be (　　　)ed by ghosts.
   その城は幽霊が出ると言われている。
2. There are two planes in the (　　　).
   格納庫には飛行機が二機ある。
3. The (　　　) ruled that the law was illegal.
   裁判所はその法律は違法だと判決を下した。
4. It was (　　　) of her to write me a thank-you letter.
   彼女は礼儀正しく、お礼の手紙を書いてくれた。
5. There is a (　　　) in this neighborhood.
   この近所に幼稚園がある。
6. There is an orange (　　　) behind my house.
   私の家の裏にオレンジの果樹園がある。

Answer 1. haunt　2. hangar　3. court　4. courteous　5. kindergarten　6. orchard

47

Plato

プラトン

問題

哲学者プラトンと関わりの深いスポーツは次のどれでしょうか？

①レスリング ②重量挙げ
③綱引き ④ボクシング

●プラトン

古代ギリシャ哲学者のプラトンは若い頃は美しい体形の持ち主で、アテネの代表的なレスラーとして活躍していました。「プラトン（**Plato**）」という名前は自身のレスリングの師から付けられたニックネームで「肩幅の広い」という意味のラテン語に由来し、本名は「アリストクレス（**Aristocles**）」でした。

●オリンピック

古代オリンピックは紀元前８世紀から紀元後４世紀にかけて開催されていましたが、最初に行われた競技は約191メートルの「スタジオン（**stadion**）」と呼ばれる短距離走１種目だけでした。聖地オリンピアに周囲を高い盛り土で囲んだスタディオンと呼ばれる競技場が建設され、この競技場の長さが「１スタジオン」という単位になりました。第18回大会から「ペンタスロン（**pentathlon**）」と呼ばれる短距離競走、幅跳び、円盤投げ、やり投げ、レスリングの５種競技が始まりました。「**pent**（５）＋**athlon**（競う）」が語源です。

クロスカントリースキーとライフル射撃を組み合わせて行う競技が「バイアスロン（**biathlon**）」、水泳、自転車ロードレース、長距離走の3種目を1人の競技者が連続して行う耐久競技が「トライアスロン（**triathlon**）」です。「競技者」の「アスリート（**athlete**）」は、ギリシャ語で「競技」を表す**athlon**が語源です。**athletic**は「運動が得意な、競技用の」で、**athletic shoes**なら「運動靴」、**athletics**はアメリカでは「運動（競技）」、イギリスでは「陸上競技」のことです。

●ペンタゴン

米国国防総省を指す「ペンタゴン（**Pentagon**）」は「五角形」の意味で、国防総省の建物が五角形であることに由来します。ギリシャ語で「５」を表す**pente**は印欧祖語の**penkwe**にさかのぼりますが、印欧祖語の**p**の子音はゲルマン語経由で英語に借入される際には**f**の子音に変化しました。この規則を体系化したのが、言語学者でグリム童話の編集者として有名なグリム兄弟の兄ヤーコプ・グリムで、彼の名前をとって「グリムの法則」と呼ばれます。「指」の**finger**や「こぶし」の**fist**は、この規則のとおりに生まれた単語です。

●プラットとフラット

Platoは印欧祖語で「平らな、広がった」という意味の**plat**にさかのぼります。駅のプラットフォーム（**platform**）は「平らな形」が語源です。「平たい足の裏」を使って大地に苗木を「植える」のが**plant**、人の心や体の中に思想や臓器を「移植する」のが**implant**、人から人へ臓器を「移植する」のが**transplant**です。

平らな「皿」は**plate**で、起伏が少なく表面が平らな「高原」は**plateau**、「平凡な言葉」は**platitude**です。平面図を描いて「計画する」のは**plan**で、その他、**place**（場所）、**plaza**（広場）、**plane**（平面、飛行機）、**plain**（平原、平易な、明白な）なども同語源です。また、**explain**は余分な部分を取って平らにし、わかりやすくすることから「説明する」の意味になります。

前述のグリムの法則から、**flat**は「平らな」、**flatten**は「平らにする」、**flatter**は腰を低く平らにして「へつらう」となります。**flatter**の名詞形**flattery**は「ごますり」です。

(正解) ①レスリング

Check!

(　　)にあてはまる英語を入れてみましょう。

1. My kidney was (　　　)ed in my daughter.
   私の腎臓は娘に移植された。

2. Do you have any (　　　)s for this weekend?
   今週末は何か予定はありますか。

3. Please make it (　　　).
   それをハッキリさせてください。

4. I'll (　　　) it to you later.
   それは後で説明します。

5. It was once believed that the earth was (　　　).
   かつて地球は平らだと信じられていた。

6. He is always (　　　)ing his boss.
   彼はいつも上司にこびを売っている。

Answer 1. transplant　2. plan　3. plain　4. explain　5. flat　6. flatter

48

Peach Aviation

ピーチ・アビエーション

問題

格安航空会社「ピーチ・アビエーション」の語源と関係のあるものは次のどれでしょうか？

①宇宙　②空　③鳥　④雲

●アウグストゥス

7月を意味する**July**は、古代ローマの将軍で政治家でもあった**Julius Caesar**（ユリウス・カエサル）の誕生月に由来します。日本では英語読みの「ジュリアス・シーザー」の呼び方が一般的かもしれません。

8月の**August**もローマ帝国初代皇帝のアウグストゥ

ス（**Augustus**）の名前に由来します。**augustus**はラテン語で「尊厳のある者」を意味し、古代ローマで鳥の飛び方・鳴き声など様々な動きを観察しながら公の行事の吉兆を占った卜《ぼく》占《せん》官《かん》の**augur**（アウグル）と同じ語源です。ラテン語がそのまま中英語に入ったもので、印欧祖語で「増える、作り出す」という意味の**aug**にさかのぼることができます。

inaugurationは大統領や学長などの「就任（式）」で、動詞形**inaugurate**は「就任させる」です。語源は「**in**（中に）＋**augur**（卜占官）＋**ate**（動詞語尾）」で、「卜占官になること」です。古代ローマでは卜占官が国の重要な行事を決める役職にあったことを裏付ける単語です。

auction（オークション）は、設定された値段から徐々に額を上げていく「競売」や「せり売り」のこと、**augment**は文字通り「増やす」、**author**は「作り出す人」から「著者」となります。

同様に、**authority**も「作り出すこと」から「権限、権威（者）」のことで、動詞形の**authorize**は「権限を与える」です。

●アビエーション

当初、卜占官の**augur**の語源は鳥の動きを観察しながらの占いであったことから、ラテンで「鳥」を意味する**avis**に由来すると考えられていましたが、これはいわゆる民間伝承（**folklore**）であると思われます。**avis**は印欧祖語の「鳥」や「卵」を表す**awi**にさかのぼります。

auspiciousは「**awi**（鳥）＋**spek**（見る）＋**ous**（形容詞語尾）」が語源で、「鳥の動きを見ながら吉兆を占う」から「幸先の良い」、名詞形の**auspices**は「後援、援助」、**inauspicious**なら「不吉な」です。

ピーチ・アビエーション（**Peach Aviation**）は日本初の格安航空会社で、「格安航空会社」は、**low-cost carrier**の頭文字を取って、**LCC**と呼ばれます。**aviation**は「**avi**（鳥）＋**ation**（すること）」から「航空術」や「航空産業」の意味になります。**aviator**は「航空機の操縦士」、**aviary**は「鳥がいる場所」から「鳥類飼育場」です。

「卵」の**egg**もラテン語の**avis**（鳥）と同語源です。フランス料理の高級食材、チョウザメの卵「キャビア（**caviar**）」は、トルコ語やペルシャ語で「卵」を意味する**khavi(y)ar**に由来し、チョウザメが多く生息するカスピ海周辺からヨーロッパに広がったことがわかります。**aviation**と**caviar**の二つの単語には、**avi**の文字が含まれています。

（正解）③鳥

Check!

(　　)にあてはまる英語を入れてみましょう。

1. Who is the (　　　) of this book?
この本の著者は誰ですか。

2. The coach has the (　　　) to hire and fire players.
コーチは選手を採用もクビにもできる権限を持っている。

3. Lincoln was (　　　)ed as the 16th President of the United States.
リンカーンはアメリカ合衆国第16代の大統領に就任した。

4. It was an (　　　) beginning.
幸先の良い始まりだった。

5. He wanted to (　　　) his income.
彼は収入を増やしたかった。

6. He was a pioneering (　　　).
彼は航空機操縦士のパイオニアだった。

Answer 1. author　2. authority　3. inaugurat　4. auspicious　5. augment　6. aviator

49

May

5月

問題

「5月」のMayの語源と関係のあるものは次のどれでしょうか？

①偉大なる大地　②偉大なる宇宙
③偉大なる男性　④偉大なる女性

マイア

ギリシャ神話のニンフ（精霊・妖精）**Maia**（マイア）は、商人や旅人の守護神であるヘルメス（**Hermes**）の母親です。ローマ神話では春をつかさどる豊穣の女神とされ、「5月」の**May**の語源になりました。**May**（メイ）は女性の名前にもなっていますが、5月1日はマイアの祭日で、供物が捧げられ、これがメーデーの起源になっています。

Maiaは「偉大なる女性」の意味で、印欧祖語の**meg**（大きい、偉大な）にさかのぼります。140ページで取り上げた「オメガ（**Omega**）」と同じ語源で、そこでは**meg**で始まる単語を取り上げましたが、今回は**ma**で始まる単語について見ていきます。

まずは、身近な単語として、**major / mayor / majesty / magnify / magnitude / max / master**があります。**major**はラテン語の**magnus**（大きい）の比較級で、「より大きい」を原義とし、「主要な」、名詞形**majority**は「大多数」を表します。対義語は**minor**（重要でない、小さいほうの）と**minority**（少数派）です。形が似ている**mayor**も**major**と同様に比較級ですが、こちらは「より大きい人」から「市長」の意味になります。ラテン語由来の**junior**（年下の）、**senior**（年上の）、**superior**（より優れた）、**inferior**（より劣った）などの語は、もともと比較級の単語です。

majestyも本来は比較級ですが、「雄大さ、威厳」を表し、形容詞形**majestic**は「威厳のある」です。**magnify**は「**magnus**（大きな）＋**ify**（する）」から「拡大する」、**magnifier**は「**magnify**（拡大する）＋**er**（もの）」から「虫メガネ」です。形容詞形の**magnificent**は「壮大な、立派な」、地震の規模を表す単位の**magnitude**（マグニチュード）は「大きさ」や「重要性」です。「最大限で」の意味で使われる「マックス」の

maxは**maximum**の短縮形で、対義語が**minimum**（最小限［の］）です。

masterは「大きな人」から、名詞で「支配者、名人、男の主人」、動詞で「習得する、克服する」です。**masterpiece**は「名人の作品」から「傑作」、「司会者」の**MC**は**master of ceremonies**の略称で、**master**は**mister**に変化し、男性の敬称である**Mr.**が生まれました。

マグナカルタ

「大憲章」と呼ばれる**Magna Carta**は、1215年にイングランドの国王ジョンの権限を限定し、英国民の権利を定めた文書です。ラテン語で**charta**または**carta**は英語では**card**（カード）で、もともとは紙の原料になった「パピルスの葉」に由来します。インド独立の父と言われるマハトマ・ガンジー（**Mahatma Gandhi**）の**Mahatma**は、古代インドの文学語であるサンスクリット語で「**maha**（偉大な）＋**atman**（魂）」が語源です。インドの詩人でアジア初のノーベル賞受賞者ラビンドラナート・タゴールによる命名とされます。

ちなみに、「パピルス（**papyrus**）」は英語の**paper**（紙）の基になっていることをご存じの方も多いでしょう。

正解　④偉大なる女性

Check!

(　　)にあてはまる英語を入れてみましょう。

1. What a (　　　) view!
何という壮大な景色だろう！

2. I'm going to run for (　　　).
私は市長に立候補します。

3. She played a (　　　) role in the negotiation.
彼女のその交渉に大きな役割を果たした。

4. The (　　　) is against the proposal.
大多数はその提案に反対だ。

5. I want to (　　　) English in a year.
私は1年で英語を習得したい。

6. This painting is regarded as his (　　　).
この絵画は彼の傑作とみなされる。

Answer 1. magnificent　2. mayor　3. major　4. majority　5. master　6. masterpiece

50

Pluto / Neptune

プルート／ネプチューン

問題

「フレッチャー（Fletcher）」という名字の語源に関係するものは次のどれでしょうか。

①矢　②靴　③車　④石

●冥王星

ディズニーのキャラクターの一人で、ミッキー・マウスの愛犬の名前は「プルート（**Pluto**）」です。人懐こくて好奇心旺盛な犬で、その名前は、プルートがデビューした1930年に発見された冥王星の**Pluto**に由来します。しばらくの間、冥王星は太陽系の9番目の惑星とされていましたが、2006年に準惑星に降格されました。「惑星」は**planet**、「準惑星」は**dwarf planet**と言います。**planet**の語源はギリシャ語由来の「さまよう星」、**dwarf**はゲルマン語由来の「小さなもの」から「小人」の意味で使われる語です。

『白雪姫と7人の小人』は**Snow White and the Seven Dwarfs**です。冥王星の**Pluto**は準惑星に格下げになったことから、動詞として「格下げする」の意味で、**I've been plutoed.**（降格されちゃった）のように使われるようになりました。

Plutoという名称は、日本語の「冥王星」という名前が示しているように、ローマ神話で冥界の守護神の名前に由来します。ローマ神話はギリシャ神話の多くを踏襲しており、ギリシャ神話のハデス（**Hades**）はローマ神話で**Plouton**（プルートン）と呼ばれ、「富の守護神」でもありました。古代ギリシャでは、冥界には貴金属や宝石などが豊富にあると信じられていたのです。

●流れる

Plutoの語源は「あふれ出るほどある」から「富、財産」の意味で、印欧祖語の**pleu**（流れる）に由来します。

「財産」の意味を残している単語は**plutocracy**（金権政治）のみで、「流れる」という意味では**pluvial**（雨の）があり、**pluvial climate**で「多雨の気候」です。印欧祖語の**p**の子音がゲルマン語経由で英語に入ってくる場合は**f**の子音に変化するので、**fly**（飛ぶ、ハエ）、

flight（フライト、飛行機の便）、**flea**（ノミ）、**flow**（流れる）、**overflow**（あふれる）、**flood**（洪水）、**float**（漂う）、**flee**（逃げる）などの単語はすべて同系語です。「フレッチャー（**Fletcher**）」という名字もその同系語で、フランス語の「矢を作る人」が語源です。先祖は矢を作る職人であったと思われます。

●ポセイドンとネプチューン

ギリシャ神話で「海の守護神」は「ポセイドン（**Poseidon**）」ですが、ローマ神話では「ネプチューン（**Neptune**）」です。

「海王星」はネプチューンに由来し、太陽から最も遠いところにある8番目の惑星で、厚い雲に覆われているので地表面は見えません。語源は、ラテン語で「雲」や「霧」の**nebula**に由来します。**nebula**は「星雲」、**nebular**は「星雲の」、**nebulous**はハッキリ見えないことから「漠然とした」という意味を表します。

正解　①矢

Check!

(　　)にあてはまる英語を入れてみましょう。

1. There was a (　　　) market in this park yesterday.
   昨日、この公園でフリーマーケットがあった。

2. There is something (　　　)ing on the water.
   水に中にが浮かんでいる。

3. The River Thames (　　　)s through London.
   テムズ川はロンドンを流れている。

4. The town was destroyed by the (　　　).
   その町は洪水で破壊された。

5. Water is (　　　)ing from the bucket.
   水がバケツからあふれている。

6. I'll (　　　) to Hokkaido tomorrow.
   明日、北海道に飛びます。

Answer 1. flea　2. float　3. flow　4. flood
5. overflow　6. fly

●著者紹介

清水建二（しみず・けんじ）

株式会社KEN'S ENGLISH INSTITUTE代表取締役。

1955年、東京都浅草生まれ。埼玉県立越谷北高校を卒業後、上智大学文学部英文学科に進む。ガイド通訳士を経て、進学の名門・県立浦和高校などで約40年間、英語教師として教鞭をとる。基礎から上級まで、わかりやすくユニークな教え方に定評があり、生徒たちから「シミケン」の愛称で絶大な人気を博した。現在はその経験を活かし、英語教材クリエイターとして活躍中。著書はシリーズ累計100万部突破の『英単語の語源図鑑』（共著・かんき出版）のほか、シリーズ累計40万部突破の『パターンで話せる英会話「1秒」レッスン』（成美堂出版）、『教養の語源英単語』（講談社現代新書）など90冊を超える。趣味は旅行と食べ歩き。2017年4月より、「朝日ウイークリー」（朝日新聞社）にコラムを連載中。

イラスト　カワチ・レン
本文デザイン　松倉　浩／鈴木友佳
カバーデザイン　松倉　浩

※本書は、「朝日ウイークリー」2022年4月3日号～2023年3月26日号に連載された「シミケンの語源で探る固有名詞」を、加筆・修正のうえ一冊にまとめたものです。

面白語源雑学　さくさく覚える英単語

著　者　清《し》水《みず》建《けん》二《じ》
発行者　深見公子
発行所　成美堂出版
〒162-8445　東京都新宿区新小川町1-7
電話(03)5206-8151　FAX(03)5206-8159
印　刷　壮光舎印刷株式会社

ISBN978-4-415-33328-1
落丁･乱丁などの不良本はお取り替えします
定価はカバーに表示してあります